Por mais que doa.

Viver é preciso.

Isabel fatima Misson Landim

Apresentação

Quantas vezes já não vimos alguém diante de um sofrimento do qual pensa não mais suportar, dizendo que melhor seria morrer, ou até o famoso o porque Deus não me leva?

Até nós mesmos, será que nunca pensamos assim em um momento sofrido?

Infelizmente quando dizemos isso, e por estarmos no limite de nossas forças, e a esperança de dias melhores já não mais existe dentro de nós, e perdidos neste turbilhão de angústias a baixa estima nos domina e aí, não percebemos que a vida é feita de altos e baixos, e que quando alguém nos diz que viver é preciso, é porque realmente o é, ou pensamos nós que com a morte tudo se resolve?

Talvez sim, para os que acreditam que assim será, mas até quando?

Sim, porque chegará a hora que teremos de enfrentar todas nossas tristezas, medos , angústias e sofrimentos , seja aqui ou lá no outro plano, pois a gente querendo ou não, a vida é eterna, e a morte, não nos dará o que em vida não conseguimos conquistar, e presos ao sofrimento, por um bom tempo iremos ficar

E o que deveríamos conquistar em vida?

A fé. A fé de que devemos lutar e vencer, porque na vida, tudo tem sua razão de ser, e ninguém irá passar pelo que não merecer.

Apresentação

Tania estava em seu limite, já não sabia mais o que fazer para sair daquele estado deplorável.
Ela até tentava, mas havia nela algo que não deixava que as coisas acontecessem da forma que ela queria, e que no seu querer haviam vários quereres, e ela tinha de se decidir por um, só que apegada demais ela estava num querer do qual a mantinha presa ao momento, e só quando se liberta-se e reconhecesse que deveria renunciar ao sofrimento eterno que vivia, é que a vida iria fluir de forma a que ela realmente fosse feliz…

-Tânia!
- O que que aconteceu, que fisionomia mais carrancuda essa?
- Já sei, você não conseguiu encontrar nenhuma colocação?
- Ah Vânia, estou desanimando, como sempre só gosto sola de sapato, quer saber, acho que vou desistir, é sempre a mesma coisa, só dinheiro que vai pagando condução, tirando xerox de documento, e no final a resposta sempre a mesma, aguarde que entraremos em contato, mas nunca ligam, cansei, estou exausta e sem esperança!
- Calma Tânia, as coisas são assim mesmo, não está fácil para ninguém, mas não desanime que na hora certa você vai conseguir, não desista, pois qualquer hora as coisas mudam, Deus vai te ajudar.
- Deus? Que Deus? Já tem quase um ano que saio todos os dias e nada! Já se foram todas minhas economias, me desfiz de coisas conquistadas a duras penas para sobreviver até aqui, mas agora não há mais o que vender ou fazer, estou correndo o risco de ser despejada, e se isso acontecer o que farei?
- Será que Deus realmente existe? Sabe, hoje quando sai pela madrugada afora em busca de trabalho, vi muitas coisas na rua que me fizeram pensar se realmente Deus existe. Você sabe quantas pessoas vivem embaixo de pontes e viadutos dormindo feito bicho? E aquelas mulheres e homens exibindo seus corpos nus e

usando-os como ferramenta de trabalho? Será que todos estão nessa vida por opção ou por falta dela?
- Será que alguém dos que por ali passam, algum dia os perceberam e se imaginaram nessa situação? Pois eu me imaginei, e confesso que tremi por dentro só em imaginar ser eu a engrossar essa turma dos sem esperança (lágrimas).
- Não sei não Vânia, mas acho que estou à beira de um abismo à beira da loucura, tenho medo de cair e nunca mais me levantar, não sei não, mas acho que do jeito que estou me sentindo hoje, creio que estou a um passo do mesmo destino de todos eles.
- Não diga isso nem brincando Tânia! Você é jovem e bonita, e as portas irão se abrir lhe trazendo muitas alegrias.
- Mas quando Vânia? Eu estou a ponto de ser despejada, o oficial de justiça veio com a intimação para que eu pague os atrasados, ou terei de deixar a casa em no máximo três meses, me alimento à custa da bondade dos amigos, e minhas roupas parecem farrapos, talvez até por isso que ninguém me dá emprego, afinal o que eu posso oferecer a uma empresa com esses trajes?
Quer saber, já não acredito em mais nada, acho até que a morte é a minha única saída, pois pelo menos eu paro de sofrer, não dizem que quem morre descansa?
- Bata na boca e nunca mais diga isso! Quem foi que lhe colocou isso na cabeça? A morte não representa descanso para ninguém, ou você pensa que morrendo os

problemas acabam? Algumas crenças assim crêem e ensinam, mas há outras que acreditam em outras formas, dizem que a morte é só uma passagem entre muitas que se tem de encarnações em encarnações, e que o que aqui se faz de bom ou ruim volta-se para nós mesmo, e que tudo feito fora dos propósitos Divinos deverá ser reparado em outra vida, e se isso for verdade, já pensou que o que você está passando pode ter sido causado por você mesma em outra vida? E por outro lado, se você está sendo vítima de injustiça, pelo menos não terá que passar por isso outra vez? E eu de minha parte, prefiro essa crença, a crer que quando morremos tudo acaba e que tudo vivido, sentido e feito perde o valor.
Mas olhe, não sei se você vai gostar, mas acho que tenho uma solução para o teu problema, pelo menos momentaneamente, e que vai tirar pelo menos uma de suas preocupações e quem sabe lhe dar ânimo para vencer essa fase ruim.
Como assim não sabe se vou gostar? Qualquer tipo de ajuda me é necessário neste momento, e não posso recusar gostando ou não, e se vem de você, não pode ser algo que eu não goste, a não ser que seja um peso para você.
- Sabe Vânia, estou tão fragilizada e perdida neste momento, que qualquer coisa que venha me ajudar a crer em um futuro melhor será muito bem vindo!
Então, que tal você se mudar para o quartinho lá do fundo? Sei que não é grande, mas dá para colocar uma

cama e um fogão, quanto ao resto de seus móveis, você pode vender e com o dinheiro se manter por uns tempos até você arrumar outro emprego. E aí, aos poucos você irá se refazendo e adquirindo tudo novo, e pense, será até bom porque ao se desfazer das coisas antigas, você vai se desfazendo de lembranças ruins que elas lhe dão, e isso também irá lhe ajudar e se sentir mais leve e confiante.

- Você não acha que será bom recomeçar com tudo novo, sem lembranças do que passou e sabendo ter sido conquista sua?

- Vânia! Você faria isso por mim? Nem sei o que dizer, mas, como eu vou te pagar se nada tenho?

- Mas quem falou em pagamento? Eu não estou te alugando o quarto, eu estou te emprestando até você se ajeitar.

Mas é o Sérgio, o que ele irá pensar sobre isso?

Não se preocupe com o Sérgio, eu o conheço e sei que irá concordar com tudo o que eu decidir.

Bem, sendo assim eu aceito, mas com uma condição, só se você me deixar lhe ajudar com os afazeres domésticos enquanto não arrumo um emprego e me acerto, nas horas em que eu estiver em casa faço questão de te ajudar.

- Está certo, se você se sentir melhor assim eu concordo, afinal essa barriga já não me deixa fazer muitas coisas, e você sabe que final de gravides judia muito, então estamos

combinadas, você vem pra cá, e me ajuda quando der, mas sem que isso atrapalhe sua busca por uma vida melhor, afinal não estou querendo uma empregada e sim uma amiga feliz.
- Assim é melhor, muito obrigado Vânia, e hoje mesmo já vou separar o que precisarei vender, e arrumar o quarto para a mudança, mas se o Sérgio se opuser me avise, e não se preocupe que entenderei, e ainda assim serei-lhe grata por toda a vida por ter pensado em mim de forma tão carinhosa.
- Pode deixar que com ele eu me entendo.
Tânia vai para casa, e apesar de ter encontrado a solução, não consegue se sentir totalmente feliz, uma coisa a incomoda, terá que conviver mais próximo a Sérgio, será que ele a deixará em paz?

- Boa noite querida.
- Sérgio! Você chegou cedo hoje, estou atrasada com o jantar, você me desculpa?
Sergio a abraça, e sorrindo diz.
- Bem, depende do motivo, o que ou que lhe atrasou, ou onde é que você foi que te fez até esquecer que eu chego comendo até às paredes?
- Na verdade eu não fui a lugar algum, Tânia que veio aqui e nos distraímos na conversa, aliás, preciso te pedir uma coisa, mas deixa para depois do jantar, se não eu me atraso mais e o jantar não sai hoje.
- Está certo, você é quem sabe, então vou tomar um banho e assistir o jornal para não te atrapalhar, e durante o jantar conversaremos.
Sérgio sempre foi muito carinhoso com Vânia, ele a amava de verdade, mas tinha um segredo que se revelado poderia destruir tudo, e esse segredo estava sempre presente em seu pensamento, e embora fosse feliz, tinha uma pontinha de descontentamento por não ter podido viver um momento em que se sentiu envolvido por outra pessoa.
O que Sérgio não imaginava, é que a razão de sua frustração, estava sendo colocada em sua casa, e enquanto toma banho, Sérgio deixa a imaginação correr. Tania sem saber ou imaginar, ao falar o nome de Vânia, o faz voltar ao tempo e relembrar momentos dos quais nunca conseguiu esquecer, embora tentasse, e se perde em pensamentos imaginando em como seria bom se ela

aceitasse seu carinho, afinal é uma mulher bonita, era alegre e festiva, e até hoje ele não entendeu como é que André a deixou, e absorto em lembranças que apesar de estarem latentes sempre tentou evitar, fica ali, relembrando em como seria se ela o aceitasse, talvez teria se desinteressado por culpa de ter traído Vânia, ou até mesmo por perceber que o que sentia não era amor, mas a verdade é que quanto mais Vânia o havia evitado, mais interessado havia ficado por ela, e até hoje se pudesse, a teria nos braços e realizaria seu sonho, nem que fosse por uma noite

- Sérgio, o jantar está pronto!

Sergio ouve Tânia o chamando e percebe que ficou mais tempo que o necessário no banho e sequer havia se ensaboado, joga um shampoo nos cabelos deixando escorrer pelo corpo, se enxuga e deixa as lembranças para viver a realidade

E enquanto jantavam, Sérgio pergunta sobre o que Tânia queria lhe pedir, e ela pede que conversem após o jantar por ser uma conversa longa, no que ele concorda.

E após o jantar.

- Sérgio, como você já sabe, Tânia está passando por uma situação difícil, desde que o André a abandonou grávida, a verdade é que ela só tem sofrido, sei que o fato dela ter perdido o bebê talvez tenha sido até uma providência divina, já que a criança viria com problemas, e se o filho aí estivesse, talvez seria bem pior.

- Sei também, que para ela o filho seria um alento, e foi um sofrimento a mais tê-lo perdido, e eu que agora estou esperando nosso filho, sequer consigo imaginar passar por isso, mas na verdade o que quero mesmo é poder ajudar minha amiga, e para isso preciso te fazer um pedido muito especial, só que antes de você responder, peço que não tenha pressa, que pense com carinho, pois eu tomei uma decisão e espero que você concorde comigo.

- Decisão, que decisão?

- Bem, hoje ela veio aqui, e estava visivelmente abatida e preocupada, e ao conversarmos fiquei sabendo que ela será despejada da casa, você sabe que ela está desempregada, tem saído todos os dias mas até agora não conseguiu colocação, e pelo que parece, André já não paga o aluguel há muito tempo, ou não entrariam com ação de despejo, você sabe que quando se separaram, ele continuou a pagar o aluguel para que ela ficasse lá, e prometeu que não a abandonaria à própria sorte, só que não deve está cumprindo o acordo, e como ela está sem emprego não tem como pagar, em razão disso, não sei se me precipitei, mas a convidei para ocupar o quarto lá do fundo, a princípio ela não queria aceitar, mas a fiz ver que no momento seria o melhor, então aceitou, e se propôs a me ajudar nos afazeres como forma de pagamento, a princípio eu não aceitei, mas em vista da insistência e da imposição desta condição para aceitar vir pra cá, concordei, e creio até que será bom, já que no

meu estado está difícil fazer algumas coisas, você acha que fiz mal em tomar essa decisão sem lhe consultar? - Mas olhe, ela deixou claro que não irá se incomodar caso você não concorde, mas é que eu queria muito ajudar minha amiga!
Sérgio por um momento fica mudo, e Vânia sente um arrepio imaginando que ele não aceite e ela tenha de desapontar Tânia, mas o que não sabe é que Sérgio se entusiasma com a notícia, e se esforça para não passar a satisfação em ter a amiga de Vânia tão perto, então disfarça para que ela não perceba seu contentamento, e finalmente ele lhe responde.
- Bem, se você decidiu ajudá-la e acha que a ajuda dela vai te fazer bem, eu nada terei contra, afinal você já está no sexto mês de gravidez e assim ela também te fará companhia quando a criança nascer, por mim tudo bem.
Vânia se sente aliviada e feliz, e o abraça forte enquanto diz
- Obrigado querido, amanhã mesmo eu a irei chamar para conversar e iniciarmos o que precisa para ajeitar o quarto, sei que teremos um pouco de trabalho, porque terei de tirar de lá algumas coisas, coisas que na verdade nem sei porque estão lá, você acredita que que nem lembro o que está guardado lá? E o pior, é que nunca precisei de nada que lá está.
- Nossa, como temos mania de juntar coisas que talvez até serviriam a outras pessoas né? - - Mas creio que não irá me causar problema não, até porque tem muita coisa

lá que nem sabemos o que é e nem para que está guardado, na verdade a vinda de Tânia pra cá será uma ótima oportunidade de desfazer dos que não nos serve mais.
Dias depois, Tânia desperta mais animada, afinal a venda dos móveis lhe renderia uma quantia razoável que daria para se manter por alguns meses, até pensou em quitar o aluguel atrasado para não ficar incomodada por estar devendo, mas pensou, se fizesse isso, se tornaria um peso a mais para Tânia que já a estava ajudando tanto, e fez as contas percebendo que a sobra, caso ela tirasse a quantia que devia, não daria para três meses, e se não encontrasse emprego neste tempo, como seria, pois não teria nem para condução e nem pra comer, e ela se recusava a ser um peso a mais na vida da amiga, até porque, queria depender o mínimo possível de Sérgio, porque algo dentro dela pedia que se mantesse afastada ao máximo possível dele, então, resolveu que ficaria com todo o dinheiro e pensaria nisso mais tarde quando já pudesse se manter, e sem contar que a culpa não era totalmente dela, foi André que não honrou com sua promessa, mas não queria pensar nisso pois falar em André era ter de lembrar de coisas que a trouxeram a esses estado, e ela precisava urgentemente era sair desta melancolia eterna, então, primeiro iria tentar um novo emprego, e quem sabe sua vida não tomaria outro rumo e aí ela colocaria cada coisa em seu lugar da forma que desejava.

Já se passaram trinta dias e a vida continuava a seguir o seu curso sem maiores novidades, Tânia se mudara para a casa de Vânia e até se sentia bem com a companhia da amiga, mas se incomodava muito com os olhares furtivos de André, ela o evitava a todo custo, mas havia momentos que não havia como, e era nestes momentos que se sentia angustiada por ainda não ter dado um rumo a sua vida para sair dali, até que uma noite estando já dormindo, acorda ao escutar bater-lhe à porta, era Sérgio que a chamava insistentemente, e pressentindo ser a amiga que precisava de ajuda, o atende pedindo que espere que já iria abrir a porta..

Ela coloca um sobretudo rapidamente e vai abrir a porta imaginando pela horário já que era madrugada alta, algo muito grave ter acontecido com Vânia.

- Sérgio aconteceu alguma coisa, Vânia não está bem?
- Calma!
- Não é nada com Vânia, ela está bem e está dormindo tranquilamente, eu é que preocupado perdi sono e estou precisando conversar, posso entrar?

Tania sente um calafrio e dá um passo atrás sem tirar as mãos da porta, de forma que deixava claro a não permissão para que ele entrasse, e com voz firme lhe responde.

- Acho melhor não Sérgio, afinal não há nada que possamos conversar que não possa ser junto de Vânia, e além do mais, ela pode acordar e interpretar mal, pois

além do adiantado da hora, sou mulher e estou sozinha, e não tenho segredos a ela.
Sergio coloca o pé entre a o batente e a porta, demonstrando que não deixaria que ela fechasse a porta caso forçasse, sem antes conversarem, e Vânia mais uma vez pensa na amiga e se arrepia, no que Sérgio diz.
- Não se preocupe com isso, ela tem o sono pesado e não acordará, e além do mais não estou muito preocupado com o que ela possa pensar, pois ultimamente nós não estamos nos entendendo muito bem, não sei se é por causa da gravidez, mas já não é mais a mesma, nem dormindo juntos estamos, e você sabe, sou homem e preciso de companhia, aí como você também está só, poderíamos fazer companhia um para o outro, assim eu te ajudaria financeiramente e você a mim emocionalmente.
Tânia se afasta e energicamente deixando claro a Sérgio sua posição.
- Por favor Sérgio, eu exijo respeito, e saiba que nunca trairia a confiança de Vânia, pois ela foi a única que realmente se preocupou comigo, sem contar que vocês terão um filho, e é nessas horas que o casal tem que se unir, e você me desculpe mas quero dormir que amanhã tenho uma entrevista de emprego e preciso está bem, e acho que você deva fazer o mesmo. Boa noite.
Tânia fecha a porta forçando-o a tirar os pés que estavam estrategicamente colocados de forma a lhe impedir fechar, mas ela não teve dó e forçou a porta com toda sua

força, causando lhe dor, e entre o medo, a decepção e o desprezo pelo que Sérgio fez, escuta-o se afastar jurando não desistir de tentar lhe conquistar.
E pela manhã...
- Nossa Tânia! Que cara, não dormiu bem?
- Bom dia querida, tive uma crise de insônia, mas foi até bom, pois pude repensar minha vida, para tomar as decisões certas na hora certa.
- Nossa, que bom! Pelo menos a insônia te fortaleceu, porque te sinto bem mais decidida e animada.
- Pois é, pensei muito em tudo que já passei e o que ainda posso vir a passar, e no fundo estou mais perdida que nunca, pois sei o que devo fazer mas não tenho coragem de fazer.
-Vânia, posso te perguntar uma coisa? É algo íntimo, mas é que ontem, entre minhas lembranças fiquei preocupada com você neste estado, mas se você não quiser, não precisa responder, eu vou entender que tem coisas que são íntimas demais.
- Quanto mistério! Vai lá pergunte e se eu souber te respondo.
- Então tá, mas já disse ser uma pergunta íntima e que você só responde se quiser.
Eita! É tão grave assim? Vai, pergunta logo.
- Está certo, o que queria lhe perguntar é se está tudo bem entre você e Sérgio?
- Nossa tanto drama por tão pouco.(risos)
- Sim, claro que está, mas porque pergunta?

- Por nada, só curiosidade mesmo, é que você já está no oitavo mês e sei que nesse estágio da gravidez o casal costuma não se entenderem muito bem, afinal a barriga causa um pouco de desconforto, e tem também a parte psicológica onde a mulher se sente um pouco insegura e até temerosa pelo bebê que se faz sempre presente nas mexidas que dá.
E você sabe que André não foi um exemplo de marido, e sofri muito por isso, e talvez por ter relembrado tudo isso essa noite, fiquei apreensiva por você.
- Bem Tânia, eu não sei porque você está se preocupando com isso, mas me entenda, não estou dizendo que você não tenha sofrido, eu sei que sofreu e fui testemunha, mas no seu caso, o amor de andré não era suficiente para superar essa fase ruim, desculpe falar assim, mas somos amigas e sabemos bem o que André fez a você, e o quanto a magoou, mas comigo e Sérgio está tudo bem, pode ficar tranquila, ele é muito carinhoso, e até está evitando dormir comigo para me deixar mais à vontade na cama, ele diz que não quer prejudicar a criança, não é um amor!
- Fica tranquila amiga que está tudo bem, se preocupe mais com você pois eu estou bem, e prometo que se precisar te chamo e não te esconderei nada. Só você mesma para perder o sono comigo. Fica preocupada não porque está tudo bem, eu juro.
- Que bom! Fico contente por vocês, até porque quando o casal se une e curtem junto a gravidez, a criança será

bem mais feliz, pois os bebês sentem muito essa união. Mas agora me deixe cuidar da vida que amanhã quero sair cedo para ver se entrego outros curriculum, hoje fiz uma entrevista, mas ficaram de ligar, então não vou confiar não, melhor continuar tentando enquanto eu não tiver certeza de que o consegui.

- Fica bem então, e se precisar já sabe, é só chamar.

O tempo passa e as investidas de Sérgio se tornam cada vez mais frequentes, Tânia então decide que logo que a criança nascer irá se mudar de lá, mesmo que não tenha pra onde ir, mas lá não ficará mais, já está quase empregada só está dependendo de alguns documentos, e aí, conseguirá arrumar um lugar pra ficar, nem que seja uma pensão, um quarto qualquer coisa, mas não vai ficar alimentando em sérgio um sentimento que ela repugna, ele está extremamente inconveniente e o que ela mais teme é o sofrimento da amiga. Está decidida, ela irá se mudar assim que possível.

l- Tânia acorda!

Sérgio grita.

- Sérgio vai embora, por favor, eu não vou abrir a porta, já te disse pra não insistir e me deixar em paz.

Abra Tânia é sério, Vânia está passando mal e eu não sei o que fazer, creio que o bebê vai nascer!

Tania sente que realmente desta vez é verdade, porque Vânia havia lhe dito estar indisposta ultimamente, então, rapidamente se levanta para ir até a amiga e ajudá-la neste momento que sabe não será fácil.

- Espere um pouco Sérgio, eu vou me trocar e já irei vê-la!
- Fique calma Vânia, tudo vai dar certo e logo, logo seu filho apressado estará em seus braços.
- Mas ainda é cedo, e se ele não resistir?
- Que isso! Você se esqueceu que é normal a criança adiantar até 15 dias, então não será prematura, e no seu caso são só duas semanas a menos, vai ver você até errou as contas, não pense nisso, confie em Deus que tudo dará certo.
- Estou com medo Tânia!
- Pois não fique, eu estou aqui e vou te ajudar, venha, se apoie em mim que o Sérgio está tirando o carro, já já tudo isso passa e você estará com seu filho nos braços, ou filha né?
Sergio buzina na garagem avisando que o carro já está pronto, Tânia a ajuda a caminhar em direção ao carro, e a acomoda confortavelmente no banco de trás, segurando suas mãos o tempo todo, e enquanto se dirigem para o hospital, Vânia diz.
- Tânia, eu sei que você está com o emprego quase arrumado, mas me prometa que se alguma coisa me acontecer você cuidará do meu filho?
- Que é isso amiga, o que é que pode acontecer além de nascer uma criança linda e forte? E outra, você vai dar a luz e não passar por uma cirurgia de risco! Fica calma e confie que tudo vai dar certo, e você vai estar muito feliz junto ao seu filho e a Sérgio.

- Eu sei, mas me prometa e eu ficarei mais tranqüila, por favor não me negue isso.
Diante da insistência de Tânia e para tranquilizá-la, Vânia promete.
- Está bem, eu prometo, mas sei que nada vai acontecer.
Tânia se interna e Sérgio e Vânia ficam aguardando informações, não trocam muitas palavras, talvez porque Vânia prefere evitar o diálogo temendo atitudes que ela não aceita, e Sérgio por estar quem sabe realmente apreensivo pelo estado da mulher.
Mas diante da aflição de Sérgio, Vânia lhe diz com serenidade da qual só uma amiga verdadeira faria, que é pra ficar calmo que era assim mesmo, e que como Tânia já estava com dores fortes, seria rápido,
Mas não foi, a demora foi bem mais longa do que imaginavam, e várias horas depois.
E aí Doutor, porque está demorando tanto, está tudo bem, já nasceu, e Vânia como está?
- Calma! Vim aqui justamente para lhes trazer notícias.
A criança ainda não nasceu, está sendo um parto difícil, a criança está sentada e teremos que fazer uma cesariana, e vim aqui justamente para me informar sobre alguns detalhes sobre Tânia para podermos iniciar a cirurgia com segurança.
- Pelo que observei no cartão de pré-natal dela, tudo correu bem, mas me diga uma coisa, sua mulher é cardíaca, toma algum remédio de uso contínuo ou tem

alergia a algum medicamento? É que ela não soube nos responder.
Sergio se assusta e instantaneamente responde bombardeando a médica com outras perguntas.
-Que eu saiba não. Porque está acontecendo alguma coisa? Essas perguntas não deveriam ter sido feitas a ela, está acontecendo alguma coisa mais grave?
- Calma senhor Sérgio, está tudo sob controle, é só uma pergunta de praxe, sua esposa está muito fraca, talvez pelos esforços feito , e talvez por isso a pressão dela esteja alterada, mas fique calmo que deve ser pelo nervosismo, vou voltar lá para dentro e já já volto com notícias boas de que tudo deu certo.
Vânia se lembra da promessa que foi obrigada a fazer, e se afasta a procura de uma capela para rezar pela amiga, não que ela acredite que alguma coisa irá acontecer, mas no fundo sente medo, e é na oração que vai buscar reservas de fé e a certeza de que a amiga ficará bem. E após o retorno da capela, comunicou Sérgio que iria pra casa dar um jeito nas coisas, pois saíram de madrugada e passaram o dia todo à espera de notícias, e que também iria trazer algumas roupas, já que como não seria parto normal como previram, o tempo de internação também seria maior.
Sérgio, concordou, lhe entregou as chaves do carro e pediu para que o usasse já que iria ficar lá até ela voltar, ela não tinha a intenção de pedir, iria de ônibus mesmo,

mas já que ele ofereceu, aceitou de pronto, até porque seria mais rápido.

Enquanto ia pra casa, Vânia ficou pensando na atitude de Sérgio, ele passou a noite no hospital, e a metade do dia, e pelo visto muitos outros dias se seguiria, e ele estava visivelmente cansado, e foi pensando nisso que decidiu que quando retornasse iria aconselhar a ele que fosse descansar um pouco, já que pretendia tirar ao menos umas duas horas de cochilo antes de voltar.

E assim fez, e ao retornar, já entrou na sala de espera perguntando.

- E aí, a criança nasceu?

Sérgio responde sem entusiasmo que sim, e que era uma menina. Por um momento Vânia sentiu sua fala triste, mas imaginou ser por não ter sido o filho homem que tanto queria, e continuou.

Graças a Deus! E Vânia, como está, posso vê-la?

No que ele abaixa a cabeça e responde.

- Creio que não será possível, nem eu a vi ainda, fui informado que o parto complicou-se e que Tânia teve uma parada cardíaca, conseguiram reanimá-la, mas necessita de cuidados intensivos, e se encontra na CTI, mas os médicos dizem que ela irá se recuperar. Tomara meu Deus, tomara!

- Meu Deus, que tristeza, e a criança?

Está bem, precisa de alguns cuidados, mas nada sério, talvez assim que Vânia tiver alta ela saia também.

- Graças a Deus!

- Sérgio, eu irei à capela rezar por elas, e agradecer a Deus pela proteção que lhes foi dado, eu confio que tudo vai acabar bem, eu creio nisto, fique calmo.
Vânia fica dez dias no hospital e embora um pouco fraca obteve alta hospitalar, com a condição, a de manter repouso absoluto, e em vista desta situação, Tânia tem que por uns tempos esquecer o emprego que precisava para ter sua liberdade, mas não poderia deixar a amiga que lhe estendeu a mão em momento tão difícil sem auxílio, até porque havia prometido que cuidadora da criança, e neste momento Vânia sequer consegue trocar uma fralda, então cumprirá sua promessa de qualquer forma, mas está mais otimista, quem sabe agora com o susto, a esposa enferma e com uma filha, Sérgio não se uni mais a família e para de assediá-la.
O tempo passa e Tânia dedica todo seu tempo aos cuidados de Vânia e da pequena Carolina, e assim a vida vai seguindo seu curso até que num dia.
- Sabe que você fica muito bonita como mãe?
Pare com isso Sérgio, você sabe que não gosto destas insinuações, e o único motivo de eu ainda estar aqui é Vânia e Carol, caso contrário eu já teria ido embora, e se você as ama me deixe em paz ou serei obrigada a deixá-las só e ir embora, e você sabe que Vânia ainda não está em condições de cuidar da filha sozinha.
- Desculpe Tânia, mas não consigo sufocar esse amor que sinto por você, tente entender, não sou obrigado a

viver com alguém sem amar, me dê uma chance pra te provar que estou sendo sincero?

- Olha Sérgio, o que eu tinha para falar já falei, e espero que você entenda isso de uma vez a vai refazer sua vida com Vânia que tanto te ama, ou vai fazê-la sofrer muito por ter de ficar sem minha ajuda..

- Você me fala de amor de Vânia por mim, mas que amor?

- Saiba que a muito eu e Vânia já não nos entendemos direito e vivemos de aparências, creio que esta criança só veio como forma de me prender ao casamento, e se você quer saber, por mim já teríamos nos separado, e se você deixar essa casa eu também irei, pois só suporto essa situação pela sua presença, mas eu espero, que um dia você há de me entender e aceitar.

-Carol está chorando, vou vê-la e, por favor, não insista, me respeite e respeite muito mais sua mulher e sua filha, é o mínimo que você deve fazer.

Enquanto Tânia vai ao encontro de Carol, Sérgio fica sem ação, mas não demonstra nenhum interesse em esquecê-la, pelo contrário, promete a si mesmo que a conquistará cedo ou tarde e está disposto a esperar.

Tânia cuida de Carol e se encosta a uma poltrona junto ao berço, e enquanto o balança para acalentar a menina, deixa os pensamentos voarem enquanto intimamente se questiona.

"Meu Deus! Porque está acontecendo isso comigo, porque minha vida tomou esse rumo, eu era tão feliz com André, será que ele está bem? Soluços.
Queria saber notícias, sei que ele voltará para mim um dia, e é por isso que ainda encontro forças pra viver, eu sei que ele irá cair em si e ver o quanto o amo e que também ainda me ama, afinal a cigana me garantiu que havia um homem em meu destino e só pode ser ele, pois foi o único que amei."
E movida pelas emoções revê como num filme a cena dos preparativos de seu casamento, e os dias que o antecederam.
"- Então Tânia gostou da casa? Amanhã iremos escolher os móveis.
- É linda André, acho que seremos muito felizes aqui, mas não é muito alto esse aluguel?
André a abraça e diz.
- Você acha que seremos felizes? Eu tenho certeza, e quanto ao aluguel não se preocupe, dinheiro não é problema, pelo menos não para mim. (Risos)
- Seus pais já viram a casa?
Pergunta Tânia.
- Sim, Mamãe é quem me ajudou a escolher, ela disse que era a sua cara, sabe como ela te adora.
- Eu sei. Seus pais são uns amores e eu os considero como meus pais já que os meus se foram tão cedo, embora saiba que de onde eles estiverem, estarão sempre olhando por mim e me abençoando, ou melhor, nos

abençoando, pois sei que iriam lhe adorar tanto quanto sou pelos seus pais.
Enfim chega o grande dia, Tânia estava em êxtase, iria realizar o sonho de ter André ao seu lado por toda a vida, e tinha a certeza de que nunca mais seria só, agora teria a sua família, ela não viu André desde o dia anterior, diziam não dá sorte os noivos se verem vinte quarto horas antes do casamento, mas ela não acreditava nisso, achava até que era uma forma que encontraram para os homens fazerem a tal despedida de solteiro caindo na farra, mas tudo bem, confiava em André e sabia que a amava, e já já ficaria juntos para sempre, e com esses pensamentos otimista quanto ao futuro que a aguardava, Tânia ia se preparando para a cerimônia que seria ao anoitecer.
A cerimônia foi simples e rápida, mas estavam todos muito felizes, na igreja apenas os parentes do noivo e alguns amigos, entre eles, Vânia e Sérgio que por serem amigos íntimos, também foram testemunha deste momento sendo os padrinhos, e muito se emocionaram, tanto que até trocaram promessas de serem os próximos.
Tânia estava feliz, afinal teria uma família, mas sentia falta de alguém que representasse sua família, mas sendo descendente de portugueses, e sendo seus pais os únicos que para aqui vieram e com a morte deles, ela perdeu todo contato com os parentes que lá ficaram sabia que tinha muitos, tios, tias e primos, mas nunca teve contato algum com nenhum deles, tanto que nem a morte dos

pais conseguiu avisar, e se arrepende de não ter sido mais presente na vida de seus familiares de além mar, afinal poderia ter perguntado aos pais sobre sua estória e buscar mantê-la viva, mas agora é tarde, então não agirá da mesma forma com os filhos, e fará todo o possível para conviverem ao máximo com a família do pai, já que ela não tenha nenhuma a oferecer.

Como foi dito, a cerimônia foi rápida, tão rápida quanto o tempo que duraria esse momento de felicidade, pois o que Tânia não sabia é que André só se casava com ela para agradar aos pais, pois seus projetos de vida eram outros, Ele não se prendia a ninguém era um eterno conquistador e não pensava em mudar de atitudes, com certeza arrumaria um jeito de levar essa vida sem que Tânia soubesse.

Após três meses de casados, como era de se esperar, Vânia e Sérgio também se casam, e em uma troca combinada, é Tânia e André que são os padrinhos, e logo após a cerimônia, Tania muito eufórica e feliz, abraça André diz que tem uma surpresa, e seguidamente diz estar grávida.

- Grávida!? Mas como isso foi acontecer?

- Puxa André! Pensei que você ficaria feliz? Eu sempre lhe disse sobre querer ter uma família, e um filho é o primeiro passo não?

André percebe que foi indelicado e se desculpa.

- Desculpe-me, mas é que fui pego de surpresa, na verdade eu não estou preparado para ser pai, mas já que está aí fazer o que né? Parabéns mamãe.
Tania sente um calafrio, e tem pressentimentos íntimos que a deixam confusa, não sabe explicar o que sente, mas não gosta.
Os pais de André quando souberam, ficaram muito felizes, afinal André era filho único, não por opção, mas por complicações no parto, sua mãe ficou impossibilitada de gerar outros filhos, e ela sempre alimentou o sonho de ser ser avó e poder pegar nos braços os outros filhos que não pode ter, porque era assim que ela via os netos, e sempre disse que quando esse dia chegasse, faria o que pudesse para que seus netos fossem muito felizes, mas André sempre a desmotivou dizendo que se dependesse dele esses netos nunca chegariam, mas ela não desistiu de realizar tal sonhos, e eis que esse dia chegou.
Tania por sua vez não se sentia feliz em realizar o sonho de ser mãe e ter uma família numerosa, e em um final de semana em que André a leva até a casa dos pais para visitá-los, , Tânia em determinado momento e diante das perguntas constante da sogra sobre se estava tudo bem pois a sentia triste, desabafa com a sogra.
- Sabe dona Judite, não sei se a senhora percebeu, mas André anda muito irritado ultimamente, depois da gravidez ele parece estar distante, quase não fica em casa e até para vir aqui é uma luta, será que isso é

normal? As vezes penso que ele não queria essa gravidez, será que estou exagerando?
- Talvez, mas não se preocupe, os homens em sua maioria são assim mesmo, diante da responsabilidade de se tornarem pai, eles costumam se afastar, medo da responsabilidade entende? Mas olha, você vai ver, quando o filho nascer ele se tornará um pai coruja, com o pai dele foi assim, e é só o filho nascer que ficam todos bobos e superprotetores, não se preocupe , você deve se preocupar agora com seu filho, ou filha né, porque o resto aos poucos voltam ao normal.
- Tomara seja só isso, mas penso que ele não deveria se preocupar com isso, afinal temos uma boa posição social, ele ganha bem, então não é insegurança financeira, não sei não, vou tentar não cobrar tanto, mas confesso que estou com um pouco de medo.
- Não se preocupe Tânia, quando nascer ele muda de atitude, principalmente ser for homem, alias, quando saberemos o sexo do bebe?
No mês que vem entro para o quarto mês, e aí já dá para saber, então farei um ultrassom, mas enquanto não o faço, ficarei na torcida para que venha um menino, pois assim André ficará mais feliz.
- Que isso menina! Não pense assim, mãe não pode ter essas preferências não, a criança sente, esqueceu que ela está ligada em você ? O feto absorve não só os nutrientes da mãe, mas também todas suas emoções, então, não se

deixe dominar por sentimentos que não fazem bem ao seu filho, viu?
- E olhe, o importante é que venha com saúde, pois filho é sempre filho independente do sexo.
- É! A senhora está certa, seja o que Deus quiser, mas só disse isso no sentido de que seria melhor a André, mas de minha parte só quero senti-lo nos braços, independentemente de sexo.
Nesta hora André entra e rispidamente chama Tânia, no que sua mãe o questiona.
- Mas já André, está tão cedo, fique para o jantar assim a Tânia não precisa ir para o fogão, além do mais amanhã é Domingo e você não irá trabalhar!
- Não mamãe, fica para outra vez, vamos Tânia?
Tânia olha para a sogra como que a lhe dizer que é sobre essa forma de agir de André que ela estava falando, e se despede.
- Até mais dona Judite, até mais, senhor Gustavo.
- Está certo, se não tem como ficarem, paciência. Vão com Deus.
O percurso feito na volta pra casa foi de silêncio, André não disfarçava o descontentamento, e Tânia por sua vez estava muito chateada com tudo, e foi neste clima pesado que chegaram em casa. Tânia foi a primeira a quebrar o silêncio.
- Nossa André, que cara é essa? Você está muito estranho hoje, até quis vir mais cedo da casa de seus pais, não entendi nada porque todas as vezes que lá fomos, eu é

que fico lhe chamando para retornarmos e você sempre quer ficar mais!

- Deixe-me Tânia, vou dar uma volta para espairecer, não me espere, pode ir dormir.

Mas André, aonde você vai a essas horas?

-Vou ver alguns amigos, jogar baralho e me distrair um pouco, estou sufocado, boa noite.

André sai e Tânia fica com o coração apertado, alguma coisa está acontecendo e ela não sabe o que é, essa já não é a primeira vez que André saiu e a deixa sozinha sem dizer ao certo onde vai, será que ele tem outra? Nem acompanhá-la ao médico ele tem ido, parece desinteressado totalmente pelo filho.

Tânia se deita mas não consegue dormir, e chora convulsivamente, e assim adormece.

Passado alguns dias chama André para ir com ela ao exame de ultrassom, pensa que quem sabe se ele ouvir o coração do nenê e se der pra ver o sexo ele se anima um pouco mais, mas ele se nega, diz não ter tempo a perder com essas coisas e que quando nascer ele vê.

Tânia se entristece mas segue seu destino, e ao retornar está eufórica, pois imagina que agora sim, André irá se animar.

Quando retorna, vê o carro do marido e deduz estar ele em casa, ela entra chamando-o euforicamente.

- André, André! É menino André! Você será pai de um lindo menino, o médico disse que está tudo bem, mas que tenho que me alimentar bem porque está muito

pequeno, mas que nada que inspire preocupação, vamos contar a seus pais?
André que estava sentado em frente a televisão, sentado ficou e se limitou a dizer secamente.
- Vá você, eu marquei um jogo e não posso faltar, além do mais tanto faz menino ou menina dá no mesmo, criança é tudo igual.
- Credo André! Que amargura, até parece que não está feliz ou não se importa com o filho!
- Não é nada disso, é que ando um pouco irritado ultimamente, mas você vai e conta a eles, depois do jogo eu vou lá te buscar.
- Está certo, vou mesmo sua mãe vai ficar muito feliz.
Tânia vai sozinha à casa dos sogros, e ao chegar a mãe de André logo pergunta.
- E o André, por que não veio?
- Ele tinha um jogo marcado, mas disse que depois virá me buscar, pensei que ele iria ficar feliz por ser um menino, mas nem se importou, Ah sogra, estou ficando preocupada, será que quando nascer ele também vai ignorar o filho?
- Calma Tânia, é assim mesmo, tem homens que demoram a processar, sabe, e como se eles estivessem grávidos também mas sem a barriga, aí ficam meio perdidos, e as mudanças que acontecem com nosso corpo os assusta, porque instintivamente sente o filho, sabe que lá está e que a qualquer hora vai chegar, mas não os tem dentro de si como nós, por isso os laços não

são tão intensos, mas quando essa criança nascer tudo irá mudar, porque não há que não se derreta ao olhar o rosto inocente de uma criança, ainda mais sendo da gente, fica calma que tudo vai dar certo.
- Esquece isso e vem cá ver a linha que comprei pra fazer uma roupinha, vou fazer um casaquinho branco porque não sabia o sexo ainda, mas agora que sei, vou comprar uma linha azul pra fazer uns sapatinhos para o meu neto, ele vai ser o mais lindo de todas as crianças e farei o acabamento do casaquinho com linha azul e os sapatinhos com linha branca, assim irá combinar.
E assim o dia vai passando, Tânia não diz nada mas já está apreensiva com a demora de André, o jogo já deve ter terminado há umas duas horas atrás, mas nada diz, continua conversando com a sogra, e entre uma conversa e outra o telefone toca.
- André, meu filho! Parabéns, você está contente com o homenzinho que vai chegar?
Sim mamãe, mas me deixe falar com Tânia.
Tânia atende e André diz não poder ir buscá-la, no que ela embora contrariada responde.
- Está bem, eu dou um jeito, não André, eu não estou chateada, até já, beijos.
- Bem dona Judite, creio que ouviu minha conversa com André, ele não poderá vir me buscar, parece que houve um atraso no jogo, deve ser essas coisas de prorrogação quando empata, sei lá, mas enfim, vou chamar um táxi antes que fique mais tarde.

- Nem pense nisso!
- Nós iremos te levar, afinal meu neto também está aí e eu não quero ver vocês correndo risco pela rua, não é seguro uma mulher sozinha num táxi a essas horas, não aceito recusa, nós iremos e pronto.
Diante da insistência da sogra ela aceita, e chegando em casa Tânia convida os sogros para entrar, mas eles se recusam e se despede ali no portão mesmo, mas sem saber porque, sente uma enorme vontade de abraçá-los, e assim o faz, mas enquanto vê o carro se afastando, sente uma enorme angústia, e enquanto entra em casa, fica sem entender o motivo, da lagrima que teima em escorrer pelos cantos dos olhos, ela a enxuga, e imagina ser pela tristeza e decepção que André lhe causou.
As luzes estavam acesa, e ela estranha, pois as deixou apagadas, será que André mentiu e estava em casa o tempo todo, mas porque faria isso?
- André! Já está em casa? Você disse que estava jogando então pensei que iria demorar mais tempo! Não acredito que você mentiu, porque foi que você fez isso?
- Não te interessa, eu não queria ir lá ver vocês se derreterem todos por causa de uma criança como se só isso importasse, e eu? Será que não tenho direito de ficar só em minha casa?
- Claro que sim, mas teus pais vieram me trazer e se soubessem que você estava teriam descido para te ver, afinal eles te amam sabia?

- Ainda bem que não entraram, pois não estou a fim de conversar com ninguém, nem com eles que certamente me encheriam de sermões, e quer saber, não estou a fim de conversa fiada não, vou me deitar.
Diante da irritação do marido, Tânia se cala e fica na sala por um tempo à espera de que ele dormisse, e já se preparava para deitar quando alguém toca à campainha, e diante do adiantado da hora chama André para atender, ele acorda reclamando, mas mesmo meio a contragosto ele vai atender.
Tania fica na porta da sala tentando ver quem era, e só escuta quando André aumenta o tom de voz demonstrando preocupação lhe causando um arrepio.
- Como! Onde foi isso e que horas? Onde eles estão, se machucaram?
E antes de obter respostas grita por Tânia que já estava indo após ouvir sua alteração no tom de voz.
- O que foi André, você me assustou, o que ouve?
- Atenda aqui esses policiais e anote o endereço que iria me vestir porque temos que sair agora, meus pais sofreram um acidente, vamos ao hospital.
Tânia empalidece, e se lembra do abraço que deu nos sogros, agora ela sabia o porquê daquela angústia.
Como ela havia ficado na sala por um tempo esperando André dormir, nem havia tirado a roupa que estava, então iria assim mesmo, André se arruma rapidamente e logo chegam ao hospital, e chegando lá, André pergunta ao médico que veio lhes atender.

- Doutor, como eles estão, é grave, posso vê-los?
- Procure ficar calmo, o estado deles é grave sim, mas quanto a recuperação só Deus poderá dizer, o que estava em nosso alcance foi feito, agora é esperar, e o que eu posso te adiantar é que seu pai já chegou inconsciente, já sua mãe estava lúcida, tanto que foi ela que forneceu o endereço aos policiais, mas ao fazermos alguns exames constatamos uma hemorragia e tivemos que opera-la, e confesso que não estou nada otimista, pois o estrago interno foi grande, mas como a vida pertence a Deus eu prefiro não opinar, mas, quem é Tânia?
- É minha esposa, por quê?
- Sua mãe pediu-me para que eu lhe transmitisse recado, posso?
-Claro o doutor que que eu saia e os deixe sós?
- Não é preciso, não é nada secreto não.
E se dirigindo a Tânia ele diz.
- Olha dona Tânia, sua sogra pediu para lhe dizer que você tenha paciência e não desanime, disse que era para você sempre se lembrar que viver é preciso, e que ela sempre estará por perto, sei que é um recado estranho, e talvez possa parecer até confuso, mas a senhora deve saber do que se trata.
- Então é isso, o recado foi dado, com licença que vou ver os outros pacientes, e aconselho a irem para casa, pois nada há que se possa fazer por hora, e pelo que vejo sua esposa está grávida, então a leve pra casa e redobre

os cuidados, pois me pareceu que sua mãe tinha um enorme carinho por ela.
Uma semana se passou e os pais de André não resistiram, e como se tivessem combinado desencarnaram no mesmo dia.
Tânia estava desesperada, estivera os visitando um dia antes, como só havia uma UTI no hospital os dois foram colocados um ao lado do outro, e ela conversava muito com os dois quando os ia visitar, e no último dia, parece que algo a intuiu a lhes dizer que tudo estava bem, que o bebê estava mexendo, e que eles não se preocupassem com ela. E agora com essa notícia, imagina que eles devem tê-la ouvido e se permitiram descansar, mas agora se sentia só, pois perdera seus segundo pais e sentia que estava muito mais desprotegida, sem ter com quem contar.
Seu casamento já não era o mesmo à muito tempo e ela pressentia que aquele acidente era só o início do fim e o começo de seu martírio.
André nada dizia diretamente, mas entre uma frase e outra deixava escapar que a culpava pela morte dos pais, pois sempre deixava que se ela tivesse ficado em casa aquele dia seus pais não teriam de sair de casa para trazê-la de volta e muita coisa teria evitado, mas ela se calava, pois sabia que nada fizera de errado, e que se houve culpando seria ele que não cumpriu com sua promessa de ir buscá-la, pois se não tivesse prometido ela teria voltado cedo, não precisando que os

trouxessem, mas se cala, prefere nada dizer, pois após a morte dos sogros a convivência entre eles estava cada vez pior, André quase não ficava em casa e quando ficava estava sempre calado, Tânia o chamava para acompanhá-la ao médico e ele sempre recusava, estava totalmente alheio ao filho que ia nascer, a gravidez já estava no final do sexto mês e embora estivesse tudo bem, o médico se preocupava com o peso do nenê que estava bem abaixo do normal, e após medicar Tânia, pediu-lhe que se alimente melhor e para evitar aborrecimentos.

Mas como não se aborrecer se André não a entendia? Ela até tentava, mas a falta dos sogros também a deixava sem estímulos até para viver, pois se eles ai estivessem com certeza a apoiaria nessa hora tão difícil, Vânia, sua amiga até tentava lhe ajudar, mas seus conselhos não eram suficientes para animá-la.

Em foi em uma tarde em que as duas conversavam que Sérgio chegou, Tânia se despede e segue para casa, mas enquanto se afastava sentiu-se observada por Sérgio e não era a primeira vez, tanto que ela evitava ir na casa de Vânia quando ele lá estava, pois isso a incomodava demais, afinal ela nunca demonstrou nenhum interesse por ele, sem contar que era o marido de sua melhor amiga e foi com esses pensamentos que chega em casa e tem uma surpresa.

- André! Você está em casa essa hora, aconteceu alguma coisa? Você está bem?

Não, não aconteceu nada, eu hoje não estava bem e vim mais cedo para conversarmos.
- Conversarmos sobre o que?
Tânia sente um calafrio e tem medo da resposta.
- Sobre nós dois. Olhe Tânia não quero te magoar, mas há muito que nossa relação não está bem e eu só a mantinha pelos meus pais, pois não queria que eles sofressem, mas agora que eles se foram não vejo motivo para continuarmos, eu vou me separar de você, mas não se preocupe que lhe darei toda assistência necessária para garantir o seu sustento e o desta criança mas é só o que posso fazer.
- Desta criança André?
- Você está falando de nosso filho, do seu filho!
- Como pode ser tão insensível assim?
- Está bem!
Grita André.
- Como queira! Só que eu só posso assumi-la financeiramente e dar meu nome, e nada mais posso fazer, pelo menos não estou sendo falso ou mentiroso,porque é isso que o nosso casamento se tornou, uma enorme farsa, onde quem nos vê juntos pensam sermos uma família, mas que no fundo não somos mas agora chega, não dá mais.
Tania entre lágrimas o questiona.
- André, mas por quê, onde foi que erramos? Antes de casarmos tudo era tão bonito, será que no casamento assinamos a nossa separação em vez da união?

- Tânia eu vou ser sincero, só casei pra agradar meus pais que te adoravam, e hoje agradeço a Deus por ter feito isso, pois não sabia que a eles restavam tão pouco tempo de vida e pelo menos essa felicidade dei a eles, mas amor de verdade nunca senti, e imagino o que você deve estar sentindo, mas não posso levar isso adiante, não será bom a ninguém.
- E você acha que eles estão felizes vendo você me abandonar com o neto deles na barriga? Você realmente acha isso André?
- Para com isso Tânia! Eles morreram e quem morre não vê mais nada, e quer saber, chega dessa conversa, pois eu não tenho mais nada a dizer, hoje eu passo a noite aqui, mas amanhã levo minhas roupas e não volto mais, se você precisar de alguma coisa me ligue na empresa porque vou trocar o número do telefone, preciso me livrar de tudo daqui pra trás, sinto muito Tânia, mas preciso ser feliz.

Tânia se desespera, mas nada pode fazer a não ser chorar, e é assim que ela passa os próximos dias, quase não se alimenta, e até ao médico deixou de ir, não se importa com mais nada, é como se a vida dela acabasse no momento em que André a deixou, e em uma noite... o telefone de Vânia toca de madrugada.
- Vânia, Vânia, Por favor, me ajude!
- Tânia! O que foi que houve pra você estar me ligando a essa hora da madrugada?

- Desculpe amiga, não sei o que está acontecendo, mas sinto dor, muita dor, acho que o nenê vai nascer, por favor vem aqui me ajudar.
- Mas é muito cedo, você ainda está no sétimo mês, mas fique calma que vou acordar o Sérgio e iremos para o hospital e você verá que tudo não passará de um susto.
Vânia acorda Sérgio e rapidamente levam Tânia ao hospital, chegando lá, ela foi levada a sala de exames, e após alguns minutos o médico veio falar com Vânia.
- Então doutor, como ela está?
- Você deve ser Vânia, amiga dela?
- Sim sou eu , mas fale-me, Ela está bem?
- Dentro do quadro que ela apresenta, podemos dizer que sim, mas ela pediu para te agradecer, e dizer que pode ir embora, pois ela ficará internada.
- Como assim, está tudo bem com ela e o bebe?
- Olhe, no momento nada que eu disser será elucidativo, só posso dizer que ela entrou em trabalho de parto, mas pelos exames sinto que só um milagre fará com que a criança sobreviva, está muito pequena, e pelo ultrassom que fizemos, aparenta ter alguma deficiência ou síndrome que não dá pra identificar a essa altura da gestação, e com a minha experiência acho difícil que resista, mas para Deus nada é impossível, e de minha parte farei o possível, mas te adianto que a criança resistindo ou não, Tânia precisará de todo apoio possível, pois ela quer muito esse filho.

- Coitada da minha amiga! Pode deixar que nós lhe daremos todo apoio, obrigado e que Deus o ajude.
Tânia tem o filho, mas não a deixam ver, e pela manhã já está no quarto quando uma enfermeira entra.
- Enfermeira, cadê meu filho, porque não o trazem para eu ver?
- O doutor já virá falar com você, agora tome esse remédio que te fará bem.
O médico entra cumprimentando todas pacientes, já que estando em enfermaria, há vários leitos, mas segue em direção a Tânia que o espera apreensiva, apesar de sonolenta em virtude do sedativo que lhe foi dado.
- Bom dia Tânia, passou bem à noite, sente alguma coisa?
- Não, estou bem obrigado, mas e meu filho quero muito vê-lo, porque não o trazem?
- Tânia, você tem que ser forte, pois as notícias que tenho não são boas, seu filho veio ao mundo com alguns problemas, ele nasceu muito pequeno e com complicações respiratória, fizemos o possível mas ele não resistiu, mas você é jovem e forte e Deus há de lhe dar vários filhos.
Tania entra em desespero e chorando convulsivamente desabafa sua dor.
- O senhor fala em Deus? Se Deus existisse não teria me abandonado, Ele me tirou tudo, os sogros, o marido e não contente o meu filhinho, agora estou só no mundo e não há Deus que me faça sentir melhor, era preferível

estar naquele carro na hora do acidente, mas até isso Deus não me ajudou, esperou eu descer pra acontecer o acidente que levou embora as únicas pessoas que me amavam e poderiam me dar alegrias.

O médico diante daquele desabafo a questiona quanto ao marido, já que na ficha diz ser ela casada.

- Marido? E o senhor acha que André iria se importar? Para ele será um alívio, e ele também tem sua parcela de culpa, e com certeza ficará feliz com a notícia, nunca aceitou o filho, mas eu me vingo, ele vai me pagar pode deixar.

Uma criança chora no quarto, e no mesmo instante Tânia volta a razão, pois é Carol que começa a chorar e a traz de volta a realidade, uma realidade dura, pois já se passaram dois anos desde que tudo aconteceu e Ela não conseguiu esquecer o que lhe aconteceu.

Tânia passou todo o período de recuperação pensando em como se vingar de André. E como prometera ao se separarem, ele não a desamparou, pagava o aluguel e a ajudava com a alimentação, mas para ela aquilo era humilhante e logo que se recuperou foi procurar um emprego.

- E então Tânia, como foi lá, acertou o emprego?

- Mais ou menos, amanhã vou passar pela entrevista, mas acho que dará certo, o salário não é dos melhores creio até que terei que me sujeitar a receber a ajuda de André para pagar o aluguel, mas é melhor que nada fazer.

- É você tem razão, mas veja o lado bom, pois o emprego de balconista irá te fazer bem, com ele você poderá conhecer pessoas novas e se distrair.

- É verdade, quem sabe no futuro, porque agora não tenho essa intenção e nem disposição, só quero viver em paz, se é que será possível. Mas deixa-me ir, pois quero estar bem disposta amanhã na entrevista, me deseje boa sorte porque vou precisar.

- Não seja por isso, boa sorte e veja se encontra um namorado e esquece de vez o André, lembre-se sempre que você pode sim de transformar sua vida, provando a todos que é capaz de se manter!

- Difícil esquecê-lo depois de tudo que passei, mas pode ter certeza de que ele vai me pagar, vou fazê-lo sofrer tudo que sofri em dobro, pode escrever isso que estou te dizendo.

- Esquece isso Tânia, já passou, e além do mais você sabe que tudo o que fazemos aos outros recai sobre nós mesmo, olhe não quero dizer com isso que será fácil esquecer, pois sei que as marcas são profundas, mas acho que já passou do tempo de pensar mais em você, porque o que aconteceu não pode ser mudado, e não podemos esquecer-nos do ensino de Jesus que nos manda oferecer o outro lado da face.
- Sinto muito Vânia, mas não vou dar a cara para bater outra vez não, agora chegou a minha hora de bater e não se preocupe, eu sei o que estou fazendo, até mais, amanhã te conto as novidades.
Passaram-se dois meses sem muitas novidades, Tânia estava bem no emprego e se não fosse os olhares de Sérgio que a incomodava ela poderia até se sentir feliz, mas de qualquer forma evitava ir a casa da amiga, para não encontrá- lo, mas Vânia sem nada perceber cobrava-lhe o afastamento.
- Puxa Tânia, depois que você começou a trabalhar não vem me ver mais, parece até que está me evitando, será que arrumou uma amiga melhor que eu, ou seria um namorado?
- Desculpe Vânia, mas é que eu tenho trabalhado muito, nos finais de semana cuido dos afazeres, e a noite tenho ido a um lugar, por isso quase não nos vemos, mas na semana que vem eu termino o que comecei e aí nos veremos mais.

- Lugar, que lugar? Que bom que vc está curtindo a noite, fico feliz por você estar se distraindo um pouco.
- Bem não te falei antes, pois sei que você não ia concordar, não estou indo me distrair não, na verdade estou até agindo de forma a quem sabe voltar a me distrair, mas agora que já está no final posso lhe dizer, eu estou indo a uma mulher que entre outra coisa é vidente, e ela está me ajudando a me vingar de André, ela é ótima, quem me falou foi uma amiga lá da loja. Imagine você que eu não precisei falar nada, ela já sabia de tudo que estou passando, e também o que eu queria.
- Não acredito Tânia! Pensei que você estava brincando com essa história de vingança, mas já que não é brincadeira eu só posso lastimar o que você está fazendo, pois tenho muito medo dessas coisas, dizem que o que fazemos de bom ou ruim aos outros sempre recai sobre nós, você não tem medo?
- Medo, eu, de que? Nada mais de ruim pode me acontecer, e se isso for verdade o André só estará recebendo de volta o mal que me fez, e sábado eu irei lá para terminar o trabalho e aí é só esperar o resultado.
- Cuidado Tânia, avalie se vale a pena se unir ao mal, tente entender que o que o André te fez pode até ter sido ruim, mas há mais mistérios entre o céu e a terra do possamos imaginar, quem somos nós para julgar os outros, além do mais, é nosso dever perdoar, vingança não muda o que aconteceu, e ainda pode trazer sofrimentos às duas partes, e ao perdoarmos,

conseguimos colocar fim em uma etapa de sofrimento em nossa vida, o perdão nos liberta e nos deixa mais leve, mas se não perdoamos e ainda nos vingamos, só estaremos dando força ao mal, e a vítima pode ser nós mesmo, pois não se paga o mal com o mal, e sei lá, mas esses trabalhos envolvem somente o lado mal das coisas, então não sei se vale a pena.

- Não Vania, você está enganada, a vidente também desfaz trabalhos feitos, então não é tão ruim assim, ela trabalha com os dois lados, não dizem que o bem neutraliza o mal?

- Tânia, não é bem assim, nas escrituras está que ninguém serve a dois Deuses e eu entendo isso como, ou se faz o bem ou o mal, pois os dois é impossível, e Deus está somente do lado do bem e o bem é algo natural nos homens, pois foi assim que fomos criados, para o bem, já o mal é criação do homem, e quem escolhe esse caminho só encontra escuridão e sofrimento, além do mais não seria melhor confiar na justiça de Deus e esperar por sua consolação? O Cristo nos disse que, quem fosse a Ele e estivesse em sofrimento ou sobrecarregado Ele os aliviaria, você não acha que entregar a Ele seus sofrimentos não seria melhor forma de exercitar o perdão? Eu tenho certeza que se você assim agisse, Ele iria te aliviar, e lhe daria muitos mais motivos para sorrir que chorar. Tudo bem que você diga que não consegue perdoar, e não vou te julgar, mas daí a buscar vingança e ficar remoendo sentimento ruins, só vai te afastar mais e mais do equilíbrio emocional que você precisa.

- Olhe Vânia, eu respeito sua posição, mas nada que você disser vai fazer com que eu mude de idéia, eu jurei que André ia me pagar e assim será você vai ver.

- Sinto muito por você, e no mais só posso torcer para que você ouça a voz do bem e seja protegida por ele.

Os meses foram passando e a vida de Tânia não parecia melhor do que antes, andava muito diferente do que era, a obsessão em se vingar a consumia dia após dia, só que ela não percebia, já não mais se interagia com os amigos, e no emprego andava displicente, não cumprindo com as obrigações e tratando os clientes com mal humor, e esse mal humor era constante, afastando qualquer possibilidade de fazer novos amigos, se irritava muito mais com um dos companheiros de trabalho, sem saber porque, talvez o motivo desta irritação seja as emanações de carinho e as preces que intimamente Valter fazia por ela, e que ela tentava não receber por estar envolta em outro tipo de vibração. Vânia, também se desdobrava em preces e conselhos tentando trazê-la de volta às causas do bem, mas desde que ela se envolveu com a tal vidente, parecia ter se esquecido de todos os que lhe queria bem, era o mal a envolvê-la numa teia de discórdia para afastá-la de qualquer envolvimento de paz que a fizesse novamente se unir aos que pelo bem lutava nessa esfera.

Passado um tempo, Tânia recebe uma visita.
- André! Você por aqui, o que deseja? Saber se ainda vivo? Pois bem estou viva sim
- Nossa Tânia, quanta amargura! Eu nunca desejei o seu mal, muito menos sua morte, e o que fiz foi justamente para dar-lhe a chance de viver com alegria ao lado de alguém que realmente a amasse e a fizesse feliz!
- Olhe não me venha com conversa de que queria meu bem, não queira se inocentar do mal que me causou, pois isso é fato, só que eu vou me recuperar, já quanto a você ainda há de se arrepender do mal que me fez, você verá.
- Bem Tânia, eu não vim aqui para brigar, venho para tentarmos entrar em um acordo.
- Acordo? Que acordo eu posso fazer com você? Eu não tenho nada que me una a você, então melhor que fique cada um no seu canto.
- Tânia, você sabe que estou junto de uma pessoa. Pois bem, eu não sei o que está acontecendo com minha vida, pois parece que tudo está dando errado, fui despedido logo agora que a Maura está com problemas de saúde, já fomos a vários médicos e nada se descobriu de concreto, só especulação, uma das suspeitas não è das melhores, ao contrário, é algo desesperador. Às vezes penso até que ela vai morrer de tão ruim que fica, não sei mais o que fazer, pois não tenho dinheiro nem para o tratamento, e se não arrumar um emprego logo nem sei o que vai ser, por isso vim te pedir que assuma o aluguel desta casa,

pois não posso pagá-lo por hora, mas te prometo que assim que me estabilizar volto a pagá-lo.
- Mas André! Como é que você me pede uma coisa desta? Você sabe que o que ganho mal dá pro meu sustento, além do mais eu já lhe dispensei da pensão que me dava quando comecei a trabalhar, pois não quero esmolas, mas quanto ao aluguel sinto muito, mas não vai dar não. Você sabe que não tenho ninguém no mundo, será que você quer me ver mendigando pelas ruas?
- Não é nada disto Tânia. Eu até te entendo, mas nada posso fazer e por hora terá que ser assim, sinto muito, me perdoa, mas não há o que fazer, eu não tenho de onde tirar dinheiro sem trabalho, mas prometo que assim que me restabelecer assumo novamente.
André vai embora e deixa Tânia possessa, como é que ela irá se virar se as vendas estavam fracas e quase não recebia comissões de vendas? Além do mais ela não queria nem saber, não iria passar por necessidades só porque André tinha que cuidar da mulher, o problema era dele, pois se não a tivesse abandonado não estaria gastando com doença, pois saúde ela tinha.
E foi com esses pensamentos que ela adormeceu naquela noite. Pela madrugada Tânia acorda assustada, tivera um pesadelo, nele via os sogros que tudo faziam para reanimar André que parecia um morto vivo devido ao estado em que se encontrava. Tânia não mais conseguiu dormir e o resto da madrugada, só se lembrava do que dona Judite lhe dizia no sonho, pedia

que ajudasse André porque viver era preciso, Tânia não fora trabalhar naquele dia, pois estava péssima e resolvera ir falar com Vânia.
- Oi Tânia, está de folga hoje?
- Quem me dera, tive uma noite horrível, e estou sem condições de trabalhar, amanhã darei uma desculpa e se quiserem reponho esse dia em horas extras.
-Cuidado Tânia, não brinque com a sorte, olhe que emprego está difícil, mas me diga o que aconteceu para estragar sua noite, tem a ver com a visita de André?
-Nem me fale, você o viu? Imagine que veio me pedir para arcar com o aluguel porque sua mulher está doente e ele desempregado. E o que eu tenho com isso, ele é que se vire, não gostou de me abandonar, agora há de colher os frutos.
- Bem Tânia, eu não sei se você reparou, mas eu o vi de longe e fiquei assustada, parecia outra pessoa, está mais magro, triste, pareceu-me até transtornado, você não tem nada a ver com isso não é Tânia?
- Eu não, ele está colhendo o que plantou, se não merecesse nada iria lhe afetar, só isso.
- Minha amiga tome cuidado, olhe que você pode se arrepender.
- Nunca! O que ele me fez não tem perdão e há de pagar, ou melhor, acho que já começou.
- Você é que sabe, depois não diga que não te avisei.
No outro dia quando chega à loja Valter vem ao seu encontro.

Tânia o patrão quer lhe falar, acho que não é coisa boa, mas conte comigo se precisar.
Não creio que precisarei, obrigado. Responde secamente.
Valter se preocupa com a amiga, pois sabe que as coisas ficarão ainda mais ruins, mas já ofereceu ajuda, agora era esperar que as coisas não se complicassem muito, pois sabe das dificuldades de Tânia,
Tânia se afasta em direção ao escritório, mas intimamente não consegue entender essa aversão que sente por Walter, ele nunca lhe fez nada, e é sempre educado, e isso a irrita, uma irritação do qual não entende, chega ao escritório bate na porta e é convidada a entrar.
- Despedida, mas por quê?
- Bem Tânia você sabe que isto aqui é uma empresa e que toda empresa só funciona se todos cooperarem, o que não está sendo o seu caso, você ultimamente está muito alheia às suas obrigações e alguns clientes estão se afastando diante de seu mal atendimento, não sei se você está com problemas, mas a empresa não pode ser prejudicada por problemas pessoais de funcionários, você entende?
- Por favor, eu não posso perder o emprego agora, me dê uma nova chance e prometo me esforçar mais!
- Sinto muito, mas a decisão já foi tomada e já temos uma pessoa indicada para o seu lugar, o que posso fazer no momento é te dar uma carta de referência e te desejar boa sorte.

Tânia sai da loja em prantos e não aceita ajuda de ninguém, pega um ônibus e vai até a vidente em busca de ajuda, chegando lá lhe conta tudo e pede que faça algo para ajudá-la e a resposta é imediata.
- Ajudá-la? Mas o que é que você quer que eu faça um trabalho para você arrumar outro emprego? Sinto muito, mas há coisas que eu não posso fazer e essa é uma delas.
- Como assim? Você quer dizer que não me ajudará? Justo agora que eu mais preciso? Como irei pagar o aluguel se André se recusar a pagar por também estar desempregado? Por favor, faça alguma coisa por mim!
- Bem, o que posso fazer é um trabalho para abrir seus caminhos, mas já lhe adianto que ficará caro e que não prometo nada, porque muitas vezes as coisas não são como desejamos.
- Está certo, só que não tenho dinheiro agora, posso lhe pagar depois que arrumar outro emprego?
- Você está brincando! Olhe menina eu vivo disso e caridade não é o meu forte, portanto se vire, sem pagamento, sem trabalho, afinal você conseguiu o que queria, que era destruir seu marido, agora tem que aguentar as consequências dos seus atos, pois de minha parte só fiz o que me pediu nada mais.
- Está bem, vou ver o que consigo, pois o que receberei da loja mal dará para pagar alguns meses de aluguel, mas não me arrependo do que fiz e se pudesse faria muito mais, pois ele é o culpado de todo meu infortúnio, e ainda sofrerá muito mais.

Tânia sai pior do que chegou, afinal pensara que a vidente era sua amiga, mas se enganou, então vai a procura de Vânia e desabafa, mas também não ouve o que deseja.
- Desculpe-me Tânia, mas o que você está me dizendo eu já sabia que iria acontecer, e muitas vezes eu tentei te avisar, só que você estava cega pelo ódio e não percebeu que dependia de André, e que se ele fosse destruído você também sofreria as conseqüências, agora quanto a vidente não vejo o porquê do espanto, pois você já deveria saber que esse tipo de gente só tem um interesse que é o dinheiro e que sem ele na frente, elas nada são porque nada fazem..
- Você está certa Vânia, mas ainda assim não me arrependo, eu irei conseguir o dinheiro e ela irá abrir meus caminhos, e tudo voltará ao normal exceto por André , que se depender de mim, ficará cada vez pior.
Vânia nada diz, pois sabe que só o tempo fará com que Tânia enxergue o caminho certo.
O tempo foi passando e as coisas não estavam fáceis para Tânia, não conseguira o dinheiro para a vidente, mas talvez tenha sido este o caminho escolhido por Deus, para lhe libertar das teias do mal a qual estava cada vez mais envolvida sem o saber, e em função deste envolvimento é que agora colhia frutos tão amargos, mas, a colheita ainda não terminara, e em uma manhã.
- Bom dia você é Tânia?
- Sim. Quem é o senhor e o que deseja?

- Sou Oficial de Justiça e tenho uma ação de despejo e você deverá desocupar a casa em trinta dias, caso contrário terá que sair pela força, e espero que você tenha bom senso e saia amigavelmente.
- Mas eu não tenho para onde ir, o que vou fazer, dormir na rua?
- Bem, isso não é problema meu, eu só cumpro ordens, até mais e boa sorte.
O oficial sai e deixa Tânia sem saber o que fazer, ela então resolve ir a procura de André, mas, ao chegar no endereço que tinha descobre através de um vizinho que ele se mudara para um bairro simples e que a última notícia que tinha era que a esposa morrera, o vizinho aproveita para lamentar o destino que tanto maltratou André e pede a Tânia que se o encontrar, lhe transmitisse o desejo de que se recupera-se logo da dor que estava sentindo.
Tânia se despede e de posse do endereço vai a procura de André , mas sabe que não será fácil encontrá-lo, pois sabe o bairro e a rua, mas falta-lhe o número.
Ao chegar à rua tenta com a vizinhança descobrir alguma informação a seu respeito.
Boa tarde, por favor, estou procurando por uma pessoa, ele se chama André e mudou-se a pouco tempo para essa rua, a senhora conhece?
Bem moça, eu não sei se é quem a senhora procura , mas a única pessoa que se mudou para essa rua a pouco tempo mora na última casa, mas ele quase não fica em

casa, porque quase não o vemos por aqui, é uma pessoa estranha, não fala com ninguém.
Obrigado senhora, irei até lá, quem sabe tenho sorte, pois preciso muito encontrá-lo.
Tânia para em frente da casa e se assusta, é uma casa humilde, ou melhor, parece um casebre em ruínas, bate palmas, chama, mas nada, ninguém atende, então resolve deixar um bilhete numa abertura da porta, se é que se pode chamar aquilo de porta, pois parece mais uma tábua velha encostada na parede, e com uma sensação ruim se afasta dali, pois aquela visão mexeu com seus sentimentos e sem saber o arrependimento começa a surgir dentro dela, mas resiste tentando se convencer de que tudo que fez foi merecido por ele.

Carol chora trazendo Tânia de volta a realidade em que vive, e se não fosse Vânia ter lhe deixado morar no quartinho do fundo não saberia o que o teria feito, mas, a última lembrança que ficou a deixa curiosa quanto ao destino de André e enquanto prepara a mamadeira decide que assim que possível voltará aquele lugar, pois apesar do bilhete André nunca a procurou, e uma dúvida a intrigava, o que teria acontecido, será que ele não queria vê- la , ou o vento teria levado o bilhete? Não sabia, mas uma coisa era certa, ela ficou chocada com o aspecto do lugar, e sentiu um arrepio correr-lhe a espinha, e neste instante Vânia entra no quarto.

- Tânia , escutei Carol chorando, está tudo bem?

- Não se preocupe, Carol está bem, exceto pela fome e você se sente melhor?

Um pouco fraca, mas bem melhor, sabe Tânia não sei o que seria de mim se não fosse você, às vezes penso que estou sendo egoísta, pois o motivo que a trouxe aqui não é nada bom, alias, queria lhe perguntar uma coisa, você tem conversado com Sérgio ultimamente? Sabe estou preocupada, pois quase não nos vemos, quando ele chega já estou dormindo, você sabe, por causa dos remédios, e quando ele sai eu ainda durmo, acho que não tomarei mais os remédios, pois só assim poderei vê-lo, ele comentou alguma coisa com você?

Tânia por um momento sente o sangue gelar, será que Vânia desconfia de alguma coisa? Mas logo se recupera.

- Não, nunca falou nada sobre vocês, sem contar que eu também quase não o vejo, a não ser quando ele vem ver Carol antes de dormir, mas nada diz sobre a vida íntima de vocês, e nem deveria já que a intimidade de um casal deve ser preservada. Mas porque pergunta, você desconfia de alguma coisa?
- Não sei bem, mas alguma coisa está acontecendo, pois me parece que ele evita me encontrar acordada, por isso chega tão tarde, e as poucas vezes que nos vemos quase não conversamos, e quando eu pergunto se há algo errado ele desconversa e apenas diz que está cansado, será que tem outra?
Tânia se recorda do que Sérgio lhe dissera e de suas insistências em assediá-la, mas nada diz, pois sabe que a amiga não agüentaria essa decepção.
- Que isso Vânia, tire isso da cabeça, quem sabe ele não está agindo assim por causa da sua saúde! Não se preocupe, quando você ficar melhor tudo voltará ao normal, e aproveitando o momento, eu também quero lhe falar uma coisa, olhe você sabe da minha situação atual e sabe que só estou sem trabalhar por causa de Carol e você, mas assim que você melhorar também darei um rumo em minha vida, vou procurar um emprego e assim que encontrar irei procurar um lugar para morar, pois não acho certo viver de favores a vida inteira, sem contar que penso já estou abusando de sua bondade.
- Que isso Tânia! Eu é que estou abusando de você, e se você quiser pode ficar aqui para sempre, afinal acho que

somos mais que amigas, ou é você que não se sente bem aqui?
- Não é isso Vânia, mas acho que tenho que dar um novo rumo em minha vida, sem contar que ando pensando muito em André, e quem sabe mudando de bairro eu o esqueço de vez, você sabe, as lembrança aqui são muito fortes, e cada vez que me lembro do que aconteceu com minha vida, me sinto cada vez mais fraca e mais decidida em continuar me vingando, e quer saber, estou cansada de tentar fazer justiça, na verdade estou começando a achar que eu também tive minha parcela de culpa, e antes que me arrependa do que fiz, acho melhor esquecer, pois o arrependimento não faria as coisas voltarem atrás.
- Você é quem sabe Tânia, faça o que for melhor para você, mas quanto ao arrependimento pode até ser que não faça as coisas voltarem atrás, mas com certeza trará paz na consciência e estímulo para reparar o erro cometido.
- Reparar o erro cometido? Desculpe-me Vânia, mas não acho que o que André está passando seja só pelo o que fiz, se ele está numa pior foi porque Deus quis assim, afinal ele não é santo e tudo que está acontecendo é para que também aprenda a respeitar os sentimentos alheios, e isto inclui o que me fez, nada mais.
- Tânia, Tânia! Você está confundindo vontade Divina com desculpa para se redimir das culpas que começam a nascer dentro de você, mas você é que deve saber o que

é melhor para você, e só você saberá a hora certa de compreender as verdadeiras vontades de Deus.

- Bom, é o que penso, mas você é dona de si, então faça o que achar melhor, Carol dormiu novamente, acho que também irei descansar, pois estou me sentindo um pouco tonta, acho que foi por ter ficado muito tempo em pé, bem Tânia descanse também, aproveite que Carol dormiu.

Vânia sai e deixa Tânia sem poder se defender.

Tania ajeita Carol no berço, avisa Vânia que já a trocou e que irá para seu quarto então, na verdade ela sempre procura se recolher aos seus quartinho antes de Sérgio chegar para evitar encontrá-lo, e ainda mais agora depois do desabafo de Vânia, agora sim é que evitará ao máximo encontrá-lo, e logo que se vê sozinha chora amargamente sem saber direito o porque, e assim adormece.

Alguns meses se passam e nada de novo acontece na vida de Tânia, Vânia já está recuperada e pode assumir os cuidados de Carol sozinha, e numa manhã acorda disposta a mudar sua vida e decide ir à luta por um novo emprego, até porque suas reservas que já eram poucas estão no final, e não se sente bem viver de favores, antes até suportava por ter Carol sob seus cuidados, mas agora não há mais motivos, e também por sentir que se sair da casa de Vânia talvez ela e Sérgio voltam a se entenderem e era o que ela mais desejava.

Tânia anda a manhã toda e apesar de muitas promessas nada consegue de concreto, mas o jeito é esperar que alguém venha a se interessar pelo seu currículo, promessas teve muitas, mas terá que aguardar, e com um misto de cansaço e decepção segue seu caminho até o ponto de ônibus e é nesse trajeto que se lembra que a casa de André fica próximo dali, e num gesto quase mecânico pega um ônibus diferente do que costuma e resolve ir até lá ver se o encontra, e no trajeto percebe que já não sente mais tanto rancor embora a mágoa ainda seja forte .

Chegando ao seu destino, ela desce do ônibus e segue em direção a casa de André, e ao se aproximar da rua que ele mora sente um arrepio, mas segue em direção a casa, mas para sua surpresa ela já não mais existe e em seu lugar só os entulhos faz lembrar que ali existia uma casa, sem saber porque, sente um aperto no coração, e resolve saber dos vizinhos sobre o paradeiro de André, mas a resposta é de que ninguém nunca mais o viram, e que o que ouviram dizer, já que ele era um vizinho de poucas conversas, é que ele vendeu a casa, e que ali seria construído um sobrado, portanto nada podiam lhe dizer a respeito de seu paradeiro.

Tânia agradece e vai embora, mas sente uma grande tristeza como se fosse culpada de algo que ainda não sabia, e sem se importar com os olhares curiosos chora amargamente e sente que precisa desabafar com alguém, se lembra de Valter e sente que só ele conseguirá

entendê-la e ajudá-la a se sentir melhor, e mesmo sabendo que neste horário ele estaria trabalhando, resolve ir procurá-lo.
- Tânia! Que surpresa, mas o que houve, você está chorando, venha, entre e procure se acalmar, vou pegar um pouco de água.
Tânia toma água e se controla um pouco mais, Valter nada diz ou pergunta, pois na sua sensibilidade sabe que o que ele esperava estava acontecendo, e que Tânia começara a percorrer o caminho de volta, e embora estivesse sofrendo, este era o primeiro passo para a verdadeira felicidade que ela tanto almejara, sim, suas preces foram atendidas.
E após se acalmar um pouco Tânia desabafa com o amigo.
- Desculpe-me Valter, mas estou precisando de um amigo e me lembrei de você, eu não estou nada bem é preciso conversar com alguém e você é o único que conseguirá fazer com que eu me sinta um pouco melhor, e também, porque acho que só você consegue ver as coisas como realmente são, e nos dizer palavras que transmite paz e segurança, quero te pedir perdão por ter lhe ignorado e ter sido sempre estúpida com o que você me dizia quando eu aqui trabalhava, acho que no fundo eu não queria aceitar que você tinha razão nas coisas que me dizia, e aí não aceitava sua forma em se preocupar e tentar me orientar, não só você, mas Vânia

também tentou e eu negligencie todos os conselhos recebidos, agora estou aqui, amargurada e arrependida.
- Bondade sua Tania, só fazia o que sentia de fazer, na verdade sou assim meio intrometido mesmo, (risos) mas olha, daqui a pouco a loja fecha e se você quiser esperar um pouco, terei muito prazer em te acompanhar até em casa e aí você vai me contando, prometo ouvir somente caso não queria que lhe oriente, e quanto a ajudá-la, não sei se poderei, pois nem sei do que se trata e não quero te dar falsas esperanças.
- Eu espero, pois não tenho nenhuma vontade de voltar para casa agora, e se você ao menos puder me ouvir já estará me ajudando.
- Se for assim, fique aqui que logo voltarei.
A loja fecha e os dois saem e vão para uma praça onde Tânia lhe conta tudo, o casamento com André, a morte dos sogros, o fim do casamento, a morte do filho, a vidente, os assédios de Sérgio e o sumiço de André. Ele a ouve pacientemente e com bastante atenção, e quando termina a narrativa ele espera um pouco como quem busca palavras certas a usar e calmamente lhe diz.
- Tânia minha amiga, não sei ao certo o que você deseja ouvir, mas penso que amigo não é o que diz coisas bonitas ou agradáveis camufladas de mentiras só para agradar, sou até a favor de que mais vale uma grande mentira pela paz, do que uma pequena verdade carregada de discórdia, mas no seu caso creio que só a verdade vai lhe dar diretrizes, e por mais que ela doa será o remédio

para tantas amarguras que você está passando, e penso que se eu não for sincero, nada estarei fazendo em seu benefício, e se quero realmente te ajudar e se você realmente quer minha opinião, eu a darei mas sem mentiras .

- Sabe Tânia, gosto muito de você, talvez até mais do que gostaria, desde a primeira vez que a vi quando você entrou naquela loja pela primeira vez, eu me senti atraído, envolvido e muito aflito por você, e é em nome deste sentimento que serei o mais sincero possível , pois a mim só interessa o seu bem , mas antes de qualquer coisa e para que você entenda melhor preciso falar um pouco de mim, você quer ouvir?

- Claro Valter! Olhe não sei explicar o porquê, mas sinto como se algo novo fosse acontecer, é como uma intuição boa, mas fale meu amigo, pois tenho todo tempo do mundo para lhe ouvir, afinal você me ouviu com tanto carinho que quero lhe retribuir do mesmo jeito e além do mais, só de lhe falar já me sinto bem melhor.

Tânia o abraça sem saber o que aquele abraço representa para Valter que faz um esforço enorme para não se declarar, e é nesse clima de ternura que Valter narra sua história de vida.

- Sabe Tânia, eu já fui casado, e deste casamento nasceu uma linda menina.

Valter lembra-se com carinho enquanto fala, e se transporta ao momento vivido.

- Éramos muito felizes, e eu e minha esposa, nos amávamos mutuamente.

- Um dia fomos à uma festa de casamento onde eu e minha amada éramos os padrinhos e minha pequena princesa a dama de honra, era assim que eu a chamava, ela contava com 4 aninhos, tudo estava maravilhoso, minha esposa estava linda e eu me sentia o homem mais feliz dos mortais. Na volta para casa conversávamos sobre a festa e fazíamos planos para o futuro, pois como advogado tinha uma situação financeira estável.

Valter pára por momentos e suspira fundo, mas já não sente mais tanto a dor que sentia com essas lembranças, e continua.

- Já estávamos próximo a nossa casa e nossa filha dormia no banco traseiro do carro, eu como sempre andava em baixa velocidade, principalmente naquele ponto da estrada, pois havia ali um cruzamento muito perigoso onde os motoristas imprudentes passavam em alta velocidade, e foi um destes motoristas que naquele dia bateu de frente conosco e causou um acidente que só não me matou pela baixa velocidade em que vinha.

Mais uma vez Valter suspira fundo e Tânia resolve intervir.

- Valter, meu amigo, por que se lembrar disso agora?

- Deixe-me falar Tânia, além do mais hoje já aceito tudo como uma fatalidade, mas continuando, o carro nos pegou pelo lado do carona prensando minha pequena princesa que morreu na hora, já a minha esposa chegou com vida ao hospital mas não resistiu aos ferimentos, e eu, como dá para ver, fiquei aqui para sofrer toda dor possível que um homem poderia ter sofrido, pois acho que a maior dor que se pode sofrer é a dor da impotência de nada poder se fazer pelas pessoas que amamos, e foi assim que me senti um impotente diante do acontecimento.

- Passados alguns dias do sepultamento, durante as investigações, vim a saber que quem dirigia aquele carro era um jovem embriagado e sem habilitação, e eu usando de minhas influências junto a justiça tudo fiz para que ele fosse preso e condenado, mas ele só ficou preso por um mês.

- Nossa! Mas com tantos agravantes ele conseguiu sair da prisão?

- Da prisão não, mas da vida terrena sim, pois ele não agüentando a condenação se suicidou.

- Quando fiquei sabendo da notícia através de colegas de minha área, vibrei de alegria, como se eu fosse o responsável pelo destino das pessoas e detivesse nas mãos o direito de julgar e condenar, hoje sei que esse direito pertence somente a Deus e que se aconteceu o que aconteceu foi por vontade Dele, mas naquele momento, eu estava cego de ódio e dor pela perda dos meus tesouros .

- Um dia estava eu em casa, pois este foi o último caso que me dediquei, pois caí em depressão não mais exercendo a profissão, bateram à porta, hesitei em abrir pois não queria falar com ninguém, mas, movido por uma força estranha levantei-me do sofá e fui abrir a porta, era uma senhora simples, de um aspecto muito sofrido, e movido pela piedade fui atendê-la, mas convicto de que se fosse um pedido para advogar eu negaria.

- Bom dia, o senhor é o doutor Valter advogado?

- Sim, sou, mas não estou mais no exercício da profissão, e se desejar meus serviços sinto mas não posso lhe ajudar, poderei apenas lhe indicar um colega que lhe ajude caso queira.

- Desculpe-me incomodá-lo, mas não é isso não, o que quero do senhor só depende de boa vontade e só lhe custará ouvir-me.

- Pois se é assim, fale, por favor, pois ouvir não me custa e se puder lhe ajudar o farei.

- Meu nome é Maria das Graças, embora ache que das Graças não combine com o que eu tenha passado ao longo de minha vida, talvez das Dores combinasse mais, mas quem sabe minha mãe me deu esse nome pensando no meu bem, coitada se ela soubesse! Maria suspira.

- Bem, mas o motivo que me traz aqui não é o meu nome, mas algo bem mais triste. Sabe Doutor Valter, sou

mãe do rapaz que tirou a vida de sua mulher e filha, e confesso que me sinto envergonhada de ter sido fraca o suficiente para só ter tido coragem de procurá-lo agora. Sei que o senhor pode não querer ouvir-me e tem todo direito a isso, mas imploro-lhe que me ouça, somente isso, pois minha dor também não é pequena.
Valter quis mandá-la embora, mas uma força estranha o impediu, mas mesmo assim não foi educado quando disse.
- É fácil dizer que também sofremos, mas quem perdeu a família e a alegria de viver fui eu, mas tudo bem, fale se acha que isto irá lhe ajudar, mas já lhe adianto que não tenho nada a dizer a respeito e nada que a senhora venha a me dizer apagará as lembranças dolorosas que me afligem a alma.
- Eu sei que o que meu filho fez não tem desculpas, mas peço-lhe que pelo menos tente entendê-lo, pois ele sofre muito por não ter como se desculpar.
- Sofre? Como a senhora pode dizer uma coisa dessas se ele já morreu e para ele tudo acabou, eu é que vivo com as lembranças ruins!
Exclama Valter quase em gritos.
- O Doutor se engana quando diz que para ele tudo acabou, pelo contrario, agora sofre mais que antes, pois alem do crime a qual se sente responsável, ainda sente o sofrimento do suicídio, se engana quem pensa que a morte apaga tudo, a morte faz é nos despir de nós mesmo deixando-nos a mercê de nossa consciência, que na

maioria das vezes se torna muito cruel em seu julgamento, nos impedindo até mesmo de nos sentirmos merecedores do perdão alheio.

- Desculpe-me dona Maria, mas não compreendo onde a senhora quer chegar e nem como posso ajudar.

- É simples e vou lhe explicar.

- Quando meu filho foi preso quis lhe pedir perdão, o doutor deve se lembrar do quanto ele pediu sua presença no presídio, mas diante de suas negativas ele não suportou e atormentado pela consciência acabou se enforcando, só que o sofrimento pelo cativeiro teria sido menos do que o que e ele passa agora, pois agora é cativo de si mesmo e nenhum de nós pode fazer nada, só ele mesmo quando aceitar que a vida lhe dará outra oportunidade de redenção, e parece que esta oportunidade ele a terá só quando nós lhe permitirmos, mas como ninguém é deserdado pelo Pai maior, eis que ele teve a permissão de se comunicar comigo através de um grande médium, o doutor já ouviu falar sobre psicografia?

- Sim. Há um grande homem em Uberaba, que dedica sua vida inteira as causa do bem, sei que muitos também se dizem psicógrafos, mas na maioria das vezes é tudo enganação para tirar dinheiro de pessoas simplórias e desesperadas, e na minha profissão já é difícil acreditar em algumas coisas, mas se a mensagem foi recebida por uma entidade séria eu acredito, pois pelo que sei, o médium de Uberaba nunca se beneficiou de qualquer

comunicação, pelo contrário, ele se anulava em prol dos outros, ou seja, ele é o que se pode chamar de anjo dos necessitados, e como ele, deve sim haver outros anjos por aí, mas não me envolvo nessas coisas não, sou meio cético e não me deixo convencer facilmente não.
- Entendo o doutor, mas posso lhe garantir que era meu filho , e além do mais, coração de mãe não se engana, sabe quando fui visitar essa casa, não fui à busca de comunicação, mas sim de conforto, pois todos diziam que lá tinham o poder de consolar quem tinha perdido um ente querido, e eu não conhecia nada sobre essas coisas sobrenaturais, mas a certa altura dos trabalhos, um médium disse ter um irmão desencarnado que precisava deixar uma mensagem, e falou o nome de meu filho como só eu o chamava, e foi nesse momento que pude realmente acreditar que existia vida além da morte, e nessa mensagem só uma coisa ele pedia, que eu o procurasse e lhe contasse o que aconteceu naquele dia e é isso que vim fazer.
- Pois então fale, mas não sei se isto acrescentará alguma coisa à minha vida.
- Bem doutor Valter, somos de família humilde, e meu marido Mário trabalhava com construção civil, na madrugada do acidente que meu filho causou, havia chovido muito, e meu marido não chegara a casa como de costume, e meu Marcos era muito apegado ao pai, tanto que no auge da preocupação foi a procura do pai na casa de amigos, mas ninguém tinha uma notícia sequer

sobre ele, a não ser que trabalhara como de costume e que era sempre o último a sair da obra, pois gostava de deixar tudo organizado para o outro dia, por isso ninguém o esperava ou saia junto. Meu filho então se sentindo angustiado e com um pressentimento ruim resolveu pedir um carro de amigo e ir até a obra ver se o encontrava.

- Ele não era habilitado, mas dirigia muito bem, e só não se habilitou por falta de dinheiro, mas o pai lhe prometera que no fim do ano iria dar-lhe de presente a habilitação tão sonhada. Ele então, se pôs a procurar o pai por todo caminho que ele percorria no retorno de casa, era longe, mas dava pra ir a pé ou de bicicleta e na falta da bicicleta, meu Marido ia e voltava a pé, dizia que era pra fazer exercício, mas sabíamos que o motivo era o de poupar custos, porque exercício ele já fazia o tempo todo na obra, mas voltando ao assunto, ele o procurou por toda a rua e nada, até que chegou na obra e viu que alguma coisa errada estava acontecendo, chegou mais perto e viu que havia muitos carros de polícia e resgate, desceu do carro e percebeu muita lama no chão ,mas até aí não sabia o que tinha acontecido perguntou, e lhe falaram que havia sido um desmoronamento do muro de arrimo, mas que não sabiam se haviam vítimas porque ocorrerá após o expediente.

Maria para respirar e continua.

- Meu filho movido por intuição correu para um dos lados do barranco e escutou um gemido, logo imaginou que era seu pai, desesperado tentou de tudo para retirá-lo de lá enquanto gritava para alguém vir ajudá-lo, só que o barulho feito por curiosos e pelas máquinas era muito e impedia que alguém o ouvisse e ele não queria deixar o pai sozinho, então procurava conversar para manter-lhe a calma e foi nessa conversa, que o pai lhe contou que já estava a caminho de casa e voltará para pegar o salário que esquecera. Sabe doutor, meu filho era um bom menino e não conseguiu controlar o desespero ao ver o pai morrendo em sua frente, na verdade ele se sentia culpado, pois se não fosse por nós, o pai não teria voltado, naquele dia mal tínhamos o que comer, se não fosse isso, talvez meu Marido teria deixado para pegar o dinheiro no outro dia, meu filho ficou tão transtornado que deixou se levar pela fraqueza e se embriagou pensando em ter coragem de me contar a verdade.

- Coitado! Bebida nunca foi solução de problema de ninguém e nem é elixir mágico para nos dar forças para enfrentar problemas, sem contar que não combina com carro, pois ao se embriagar perde-se o equilíbrio e a concentração necessária ao motorista, mas a dor era tanta que ele nem pensou nisso.

- Bem o resto o doutor já sabe, pois também foi vítima.

- Sabe doutor, meu filho está sofrendo e precisa do seu perdão para poder arcar com os sofrimentos do suicídio, que já não são poucos, mas ele sabe que atentou contra o bem maior que Deus lhe deu e esta ciente que merece o que passa, mas se o doutor o perdoar pelo mau que lhe causou impensadamente, já que não tinha a intensão em ferir e nem prejudicar a ninguém, esse sofrimento será menor.

- E é isso que vim fazer aqui, vim atendendo ao pedido de alguém que sofre, e o sofrimento desta pessoa também é meu, então não será só ele beneficiado pelo seu perdão, eu também serei por ter a certeza de que meu filho terá um pouco mais de paz, vim porque ele me pedia na mensagem que me mandou, que eu lhe contasse a verdade e lhe pedisse perdão por ele, e sei que a mensagem é dele doutor, porque mãe não se engana. Por isso lhe imploro, pelo amor de Deus perdoe meu filho e me dê também um pouco de paz.

Valter estava sem ação, e se perguntava intimamente se realmente tinha sido justo quando se esforçou para prender e condenar aquele rapaz, mas antes que falasse alguma coisa Maria se adianta, e como se lesse seus pensamentos diz.

- Sei que o senhor agiu movido pela dor do momento e que ela ainda deve ser grande, por isso não o culpo pelo que fez, penso até que faria o mesmo se estivesse em seu lugar, mas me permita dizer uma coisa, não estou justificando o mal que meu filho lhe causou, mas com certeza sua esposa e filha foram acolhidas de imediato no seio de Maria mãe de Jesus, quanto ao meu filho, o único seio que encontra no momento é o meu, onde implora que o salve de sua consciência que o condena

dia a dia, só que sou humana e quase nada posso fazer, a não ser rogar a Deus por ele, e ao senhor, para pelo menos tentar entender o que ele fez, e quem sabe um dia perdoá-lo, pois quando isso acontecer, eu também serei beneficiada, com a paz no coração de uma mãe, que só não perdeu o filho como também o marido, eu sei que em condições diferentes, mas não menos dolorosas.
Valter sente a voz embargar e se controla para não demonstrar a emoção que está sentindo, respira fundo e abraça dona Maria enquanto diz.
- Vá em paz dona Maria. Se o que a senhora quer é o perdão para seu filho, prometo que farei o possível. Sei que não será fácil, mas uma coisa posso lhe garantir, a sua vinda aqui me fez compreender melhor o que aconteceu naquela madrugada negra de nossas vidas, e me fez a ver as coisas de outra forma, pois consigo ver através de sua dor de mãe, que não se sofre sozinho, e que a dor é proporcional ao que possamos agüentar, e diante de tudo o que ouvi, posso ver agora também, que se acaso a dor se torne maior, é por culpa nossa que não aceitamos a vontade Divina.
- Se eu lhe disser que perdoei seu filho estarei lhe mentindo, mas lhe garanto desde já que não mais sinto o que sentia em relação a ele, neste momento me sinto movido pela compaixão por uma pessoa que perdeu o pai, e saiba que isso fará com que eu o veja como alguém que não agiu por mal, então prometo não mais

me dirigir a ele de forma rude, e aos poucos sei que se não puder ama-lo, ao menos sei que não mais o odiarei.
- Obrigado doutor! E tenha certeza que assim como meu filho estava sofrendo e agora se sentirá um pouco mais feliz, seus dois tesouros também se sentirão assim, pois elas já a muito perdoaram meu filho.
- Como assim? Como é que a senhora pode afirmar isso?
- Bem, eu não quis lhe dizer nada antes, pois o senhor poderia entender de outra forma, mas na mensagem que recebi havia uma alusão a elas onde meu filho falara do perdão das duas e das dificuldades em ajudá-lo, pois são vistas como vítimas sofredoras, e também pelo ódio que as impedia de se aproximar do senhor, mas sei que quando o senhor se desvencilhar destes sentimentos, com certeza irá sentir a presença iluminadas das duas e se beneficiar desta luz que elas lhe direciona. - Muito obrigado por me ouvir e que Deus o ilumine, fique com Deus.
Maria se vai e deixa Valter pensativo, terá que dar um novo rumo a sua vida, mas uma coisa era certa, advogar nunca mais, não iria correr o risco de mais um julgamento errado e cometer uma injustiça, deixará os julgamentos para Deus.
E assim, movido pelas emoções destas lembranças dolorosas, ele olha para Tânia e lhes diz ser essa sua estória.
- Puxa Valter, que história triste a sua, nunca imaginei que por trás de uma pessoa tão otimista como você

demonstra ser, houvesse uma história de vida tão sofrida.
Mas o que isto tem a ver comigo, e com o que estou vivendo?
Valter anilha com carinho e lhe responde.
- Já chego lá.
- Quando Maria foi embora, fiquei pensando em tudo o que ela me falou, e senti uma necessidade enorme de também receber notícias de meus tesouros e resolvi ir até o local que ela fora, e na mesma semana fui até lá.
Valter se lembra dos momentos que viveu e suspira fundo como se as lembranças lhe trouxessem uma paz enorme.
- Chegando lá, fui logo recebido com muito carinho, estranhei porque ninguém me conhecia e nem eu conhecia ninguém, mas era como se eu já fizesse parte de tudo aquilo, tamanha a paz que senti. O lugar deveria ser muito conhecido e sério, pela multidão que lá estava em busca de consolo dos médiuns da casa, mas o que lá fui buscar, não encontrei, pois esperava uma mensagem, e esta não veio, mas a mensagem do dia foi como bálsamo para o meu coração sofrido, e foi aí que tomei a decisão de fazer algo pelo meus semelhantes, então ao sair de lá, já me sentia um novo homem, continuava só, mas já não era tão solitário, pois tinha um novo ideal e iria segui-lo a risca.

- Comecei então a procurar um novo emprego, e por ter curso superior não foi difícil conseguir o emprego de gerente nesta loja que estou até hoje.
- Muito tempo depois encontrei dona Maria de novo, e foi através dela que comecei a fazer parte daquela casa onde o amor, perdão, e caridade são os lemas a seguir.
- Não entendo Valter, o que é fazer parte de uma casa, que casa é esta?
- Sabe Tânia, se eu te falasse que sou membro de uma casa ou centro espírita talvez fosse mal interpretado, pois hoje em dia, a exemplo de antigamente, ainda há algumas pessoas com muita dificuldade em aceitar o espiritismo como algo bom, e a rejeição ainda é muito grande apesar da evolução desde os tempo remotos, na verdade, existe um preconceito enorme quanto as coisas do Espírito, sabe como é, confundem o espiritismo com feitiçaria ou magia negra, mas isso só acontece por ter pessoas inescrupulosas que usam a fé alheia para tirar proveito próprio, como a vidente que você me contou.
- Veja bem, não estou julgando e nem condenando, porque cada um tem seu tempo para retirar o véu da ignorância espiritual, ver as verdadeiras leis morais e aceitá-las.
Tania por um momento fica envergonhada do que fez, e diz como forma de se justificar.
- É! Agora eu sei que a ela só importava meu dinheiro, mas por outro lado eu a procurei, então sou também

culpada por ela agir assim, porque se ninguém a procurasse para o mal, ela não o faria.
- Mas me diga Valter, então quer dizer que nada disto existe e que ela me enganou o tempo todo?
- Não é bem assim, o dom da vidência existe desde os tempos remotos, na Bíblia mesmo muito se fala desse Dom mediúnico natural aos profetas e profetizas, só que nas escrituras , esse dom é visto como revelação, mas é a mesma coisa, e é apenas mais uma forma de denominar esse dom abençoado deixado aos homens por Deus, e do qual só em nome de Deus, ele deveria ser utilizado, e se assim fosse, muitos seriam beneficiados, e é este o propósito.
- Mas resumindo, me tornei espírita, sou membro de uma casa espírita cristã e faço parte de um grupo de pessoas que estudam os ensinamentos de Allan Kardec onde o único intuito é o de trabalhar pela reforma íntima e a transformação moral de todas as pessoas que se decidirem pela mudança, lá não se pratica nenhum tipo de ritual, só se pratica o amor ao próximo, e confesso que foi depois que lá fui que realmente comecei a viver.
Tânia suspira fundo e diz.
- Queria eu poder falar em amor e perdão como você. Sabe, no fundo acho até que me arrependi de alguns de meus atos para prejudicar André, mas perdoar eu não sei se conseguiria.
- Eu sei que é difícil, pois como te disse, eu mesmo passei por esse processo de ódio e vingança, mas, Tânia,

você já deu o primeiro passo que é o arrependimento, cultive esse sentimento que ele irá atrair os outros, e aos poucos você irá se libertando, e quando perceber já será uma outra pessoa, uma pessoa livre, sem dor ou nenhum sentimento que lhe cause mal estar, porque a verdade é que embora não percebamos, esses sentimentos ruins que guardamos dentro de nós, sempre nos afeta a vida e nos tira a alegria da vida.

- Tomara, porque estou me sentindo realmente muito triste, mas Valter, qualquer um pode ir lá neste lugar que você falou, quero dizer, se eu quiser posso ir?

- Claro! A hora que você quiser, o espiritismo cristão está aberto a todos que com ele se identifiquem ou queiram uma vida de paz e amor, e se você está disposta a mudanças, será muito bem vinda, mas preste atenção, o caminho não é fácil, temos que deixar para trás um monte de coisas que no momento pensamos serem reais, e não pense que o espiritismo nos salva, pois ao contrário do que muitos pensam, ele nos condena, pois a medida que tomamos conhecimento da verdade, não mais poderemos alegar ignorância e nem inocência em nossa defesa. Ou seja, mais uma vez o Cristo nos ensina que, "A quem muito for dado muito será pedido".

- Eu entendi, mas quero ir assim mesmo

- Você é quem sabe, quer ir amanhã? Eu vou dia de semana sempre após o trabalho, se quiser podemos marcar aqui na praça ou na porta da loja, você decide, porque hoje não dá mais, pois nossa conversa foi além do que pensei, e não é educado chegar atrasado, até porque se perde o início do atendimento, e te digo que faz muita diferença.

- Sem problema porque hoje mesmo que fosse possível eu não poderia ir, já passei tempo demais fora de casa, mas se não for te atrapalhar, poderia ser outro dia? É que amanhã terei resposta sobre um emprego, e se eu o conseguir terei que tomar algumas providências, inclusive para arrumar outro lugar para morar, pois não posso mais ficar onde estou pelo motivo que você já sabe.

- Sim o Sérgio, eu sei o quanto isso lhe incomoda, mas olhe, aqui perto tem uma pensão para solteiros, quem sabe você não consegue uma vaga, não é lá essas coisas, mas é familiar, só aceitam pessoas que trabalham aqui na região e que vieram de outras cidades, mas eu conheço o proprietário, fiz a documentação do lugar para ele no tempo em que advogava, e se você quiser posso falar com ele, e tenho certeza que abrirá uma exceção para você, assim poderemos ficar mais perto um do outro que tal, afinal agora somos amigos né?

- Claro que sim, amigos de verdade! Mas quanto a ir para a pensão, pode até ser, mas primeiro preciso do emprego e se Deus quiser eu vou conseguir.

- Muito obrigado por tudo Valter, sua estória me mostrou que todo mundo tem seus sofrimentos e que o desespero só faz piorar a situação, e foi esse sentimento que me levou a cometer tantas asneiras, mas tudo há de passar,

ainda mais que encontrei você, sabe você foi um amigão, sinto que me dará sorte.
Tânia o abraça com carinho e gratidão, e pela primeira vez depois da separação, conseguiu experimentar esse sentimento de paz e proteção.
- Que assim seja.
Valter responde.
- Ou melhor, Deus assim o quer e assim será.
Os dois se despedem e Valter eleva o olhar ao alto e agradece pela ajuda Divina que ele tanto pediu para Tânia. Ele sente que agora ela receberá a paz que precisa para dar continuidade a sua vida, porque o simples fato de ter conseguido abrir seu coração, já é indício que ela está pronta a aceitar a mudança íntima tão necessária a uma vida plena e feliz.

Depois do dia em que Tânia teve a conversa com Valter, ela se sentiu bem mais animada, era como se boa parte do peso que carregava tivesse sido lhe tirado das costas, e como havia dito sobre a vaga que aguardava retorno, tudo deu certo, ela consegue um novo emprego, não era bem o que queria, pois o salário era baixo, mas havia grandes possibilidades de no futuro obter uma promoção. No começo seria difícil, mas tudo faria para que desse certo, pois precisava muito deste emprego, ele era no momento a única forma que tinha para deixar a casa de Vânia, e precisava urgentemente se afastar de Sérgio. E após o período de experiência, teve a confirmação da contratação, e aí chamou Vânia para conversar.

- Vânia, preciso lhe falar sobre um assunto muito sério, sei que você entenderá meus motivos e não irá se aborrecer com minha decisão.

- Nossa, que cara! Mas fale, o que há de tão importante?

- Bem, você sabe que desde que comecei a trabalhar tenho chegado tarde em casa, é que eu fico sempre após o expediente para ver se recebo um pouco mais, e além do mais, você sabe que só aceitei vir morar aqui para poder te ajudar com Carol, e nem isso está dando para fazer, então resolvi que seria melhor eu me mudar para um local mais próximo do trabalho, assim descanso um pouco mais e não lhe dou preocupações quanto a chegar tarde, porque sei que você fica apreensiva enquanto eu não chego.

- Mas Tânia tem certeza? Bom, você e quem sabe o melhor para você, mas você sempre diz que ganha tão pouco, será que dará para você pagar um aluguel?
- Eu sei, e é por isso que fico fazendo horas extras, mas se eu juntar os extras com o dinheiro que gasto com condução, dará para me virar, sem contar que eu não me mudarei para uma nova casa porque não acho que seja bom pra mim, já que sou só e já vivi essa experiências, além do mais, aluguel de casa por menor que seja está muito caro, e eu não tenho móveis, então, outro dia o Valter me falou que lá perto da fábrica tem uma pensão, é bem simples, mas muito confortável, e é para lá que pretendo ir, ele conhece o proprietária e irá me indicar, estou confiante de que vai dar certo, aí quem sabe futuramente eu não consiga me restabelecer de vez, financeira e emocionalmente, já que não me sentirei só em uma casa só pra mim.
- É, parece que esse Valter está te conquistando mesmo, já está até aceitando as sugestões que ele te dá, (risos)
- Mas isso é um bom sinal e fico contente por você.
Vânia fica encabulada e retruca
- Que isso! Pode parar que meu coração está fechado para o amor, não acredito mais nos homens não, o que André fez comigo me iludindo e larga do a.mingua. Me fez desacreditar nos homens, sem contar com os que vejo por aí com família e flertando com outras, os homens pra mim deixou de ter credibilidade, acho até que nenhuma realmente sabe o que é o verdadeiro amor.

- Credo Tânia! Você fala de um jeito que até eu fiquei insegura, será que Sérgio também age desta forma?
Tania dá um jeito de mudar de assunto e só responde que está dizendo o que pensa e não o que realmente acontece, e que ainda deve haver homens bons.
- É verdade Tânia, você tem muitos motivos para pensar assim, mas olhe, tente refazer sua vida, se não for com Valter que seja com outra pessoa, mas não deixe que a amargura te domine não, sei que você vai nos deixar para se melhorar, então faça serviço completo, e me desculpe se não fico cem por cento feliz por você, mas é que eu já estava tão acostumada com sua presença em casa, que confesso não ficar totalmente feliz, e sinto que Carol também sentirá sua falta, mas se é para seu bem que seja, mas veja se não vai nos esquecer, e venha nos ver de vez em quando!
- Claro que virei Vânia! O que você fez por mim ninguém faria, e eu vou te dever essa por toda vida, sem contar que também sentirei falta sua e de Carol, ou você se esqueceu de que fui eu que cuidei dela enquanto você se recuperava? Na verdade, eu até me sinto um pouco mãe dela também, e nenhuma mãe consegue ficar muito tempo longe do filho, sem contar que você se tornou a minha única família aqui, e não as abandonarei jamais.
Vânia estranha que Tânia em nenhum momento falou em Sérgio e sempre se dirigia a ela e a filha somente, mas nada disse a respeito pois imagina que seja por estarem falando de sentimentos íntimos que as ligava.

- Bem amiga, sendo assim só posso te desejar boa sorte, eu sempre torci para que tudo desse certo para você, e vê que você está se levantando me dá muita alegria, sabe, acho que até Sérgio sentirá sua falta, embora vocês quase não se falassem, mas ele sempre comentava comigo que te admirava muito pelas coisas que você passou, e pela força que você me dedicava quando estive doente, mas seja feliz é só o que posso lhe desejar.
Tânia escuta Vânia falar sobre Sérgio e intimamente sabe que na verdade o interesse dele por ela era outro, mas fica feliz com a inocência da amiga e espera que com a sua saída da casa eles voltem a se entender.
Está certo amiga, muito obrigada mesmo por tudo que fez por mim, e quanto as coisas que estão no quartinho, só levarei minhas coisas pessoais, o resto se você quiser pode doar a alguém que precise, porque não teria onde colocar e nem quero ocupar seu espaço sem necessidade. Deixe um abraço a Sérgio, e o agradeça por ter permitido que eu aqui ficasse, e diga a ele que espero ver vocês sempre assim, unidos e se amando, porque vocês serão exemplo de família a pequena Carol.
- Como assim, mas você já está indo? Pensei que ficaria mais tempo conosco, pelo menos até o Sérgio voltar de viagem.
- Fica tranquila que não vou te deixar só não. É amanhã que Sérgio chega, não é?
- Hoje só vou arrumar minhas malas, e amanhã cedo quando for para o trabalho já levarei, pois Valter me

garantiu que a vaga na pensão estará garantida, e agora a noite irá me confirmar, e se tudo der certo, já não verei mais Sérgio, porque quando ele chegar eu já não mais aqui estarei, por isso pedi que lhe agradecesse em meu nome.

Tânia se muda para a pensão, e pela proximidade com o trabalho de Valter, mantém um contato maior com ele, e isso a agrada, pois se sente bem ao seu lado e menos solitária, já que trabalham próximos também e Valter por encerrar o expediente antes dela, sempre passa para lhe acompanhar até a pensão, e é em um destes encontro. Que ela pede-lhe um favor.

- Valter, preciso te pedir um favor?

- Fale Tânia se tiver ao meu alcance.

- Você se lembra de que te falei dos assédios de Sérgio?

- Claro! Mas o que Sérgio tem a ver com o favor que devo fazer a você?

- Bem, é que estou querendo ir visitar Vânia e Carol, estou com muita saudades, mas não queria ir sozinha, pois por ser sábado, temo que Sérgio esteja e a situação fique constrangedora para mim, pois não sei se ele irá respeitar a minha visita como de uma amiga, e se eu chegar lá acompanhada de um homem ele se intimidará e quem sabe me deixa em paz, mas veja bem, se for difícil para você não se acanhe em dizer, eu entenderei.

- Que é isso Tânia! Claro que te acompanho, adorarei ser seu namorado por algumas horas, se bem que preferiria realmente ser seu namorado em tempo integral em vez

de apenas um amigo, mas isso não depende de mim, pois se dependesse já éramos muito mais que amigos, mas fico feliz em saber que você confia em mim e que minha presença irá te proteger.
Tania ruboriza mas tenta disfarçar que ficou mexida com o que ouviu, se justificando.
- Desculpe-me Valter, sei que estou sendo egoísta, mas ainda estou muito machucada, quem sabe um dia, não é uma promessa, mas talvez um dia eu volte novamente a crer no amor, e se isso acontecer e eu puder escolher, escolherei você, isso se você já não tiver nas garras de alguém.(Risos)
- Vou entender isso como uma promessa sim, porque sei que esse dia chegará, e eu estarei aqui te esperando, e não tenha dúvida de que vou esperar.
-Os dois riem e combinam o horário da visita, e quando chegam lá Sérgio é quem os recebe, e apesar de meio carrancudo trata Valter bem, mas em um momento em que fica só com Tânia deixa claro seu desagrado pela presença de Valter e tenta novamente se declarar.
- Sérgio, por favor, pare com isso, você sabe que nunca quis nada com você e não é porque Vânia é minha amiga, mas porque não sinto nada por você a não ser amizade, mas se você insistir nessa conversa até isso você perderá.
- Veja bem Sérgio, você tem uma família maravilhosa, Vânia te ama e saberá te fazer feliz, mas para isso é preciso que você se entregue de coração nesse

relacionamento, agora quanto a mim não há a menor chance de entendimento, sem contar que estou comprometida muito por outra pessoa e me sinto muito bem.

- É esse Valter?

- Não importa quem seja, o que importa é que entre eu e você nunca acontecerá nada.

- É uma pena Tânia, queria eu ter todo esse carinho dedicado a mim, mas se nada posso fazer para conquistá-la só posso torcer para que você seja feliz, ou então, que mude de idéia.

- Impossível Sérgio, pois nunca mudarei de idéia, tente você ser feliz, pois eu já sou a minha maneira. A conversa é interrompida pela chegada de Vânia que lhe diz

- Tânia, você não sabe o que descobri, sabia que Walter está pensando em se casar novamente?

Tânia sente um frio na espinha, mas disfarça, não pode deixar transparecer que o namoro é uma farsa.

- Casar? Mas só se for comigo responde sorrindo.

Da essa resposta sem muito pensar no que ela causaria aos que a ouvissem, mas sim porque sabia que qualquer outra resposta iria pôr em dúvida o relacionamento dos dois perante a Sérgio..

Valter a olha com outro olhar como que a descobrir sua reação, e gosta da resposta, embora saiba que não é verdade, mas por outro lado se sente um pouco mais

otimista em saber que pelo menos perante a Vânia e Sérgio, eles têm um compromisso assumido.
Tânia, embora tenha sabido disfarçar bem, no fundo se sentiu incomodada com essa notícia, e por mais que disfarça-se, Walter percebeu que aquela notícia mexeu com ela, e fica feliz, pois sabe que terá uma grande chance de conquistá-la, é que Tânia não percebe que a escolhida dele é ela própria, e no caminho de volta os dois ficam em silêncio e pensativos. Tânia sente o coração apertado e pensa, será que Walter está interessado em alguém e não lhe falou? Já Walter sonha com o momento em que será aceito por ela, mas o silêncio é quebrado pelo grito que Tânia dá ao passarem por um mendigo na calçada.
- André!!
- Pare o carro Valter, acho que vi André!
- Valter para o carro um pouco para frente e ela desce imediatamente e corre para um homem sentado na calçada embaixo do toldo de uma loja, enquanto Valter estaciona direito, já que parou quase no meio da rua. Valter chega logo atrás a tempo de ouvi-la murmurar ao constatar que realmente era André.
- Meu Deus, o que fiz? André, o que te aconteceu? Pelo amor de Deus onde você mora que vamos te levar, você está se sentindo mal é isso?
André a olha meio perdido e responde mecanicamente.
- Eu já estou onde moro, e aqui ou em outro lugar é tudo a mesma coisa desde que dê para me proteger do frio e

da chuva. Vá embora Tânia e me deixe, não quero que sinta pena de mim, pois não mereço. - Sou um fracassado e você é uma de minhas vítimas, te fiz sofrer demais e mereço o que estou passando, vá embora, não se prenda por quem nada fez de bom a você.
Tânia diante daquela afirmação deixa cair por terra toda mágoa que sentia, e o segura pelo braço enquanto diz.
- Não diga isso André, você não sabe de nada, a culpa de seu estado é só minha e é meu dever te ajudar, Valter, por favor, me ajude a carregá-lo.
Mas no mesmo instante cai em si e se lembra que mora em pensão e não poderá o levar para lá.
- Meu Deus! Para onde vou levá-lo? Para a pensão não posso, Jesus o que fiz.
Tânia começa a chorar, e é Walter que mais uma vez a consola.
- Calma Tânia, vamos levá-lo para minha casa, depois veremos o que fazer.
- Você faria isso por mim, Valter?
- E porque não! Eu te ajudo a cuidar dele, eu moro sozinho e não me custa nada ajudá-lo, afinal somos todos irmãos.
Tânia se emociona com essas palavras e sente um profundo carinho por Valter, e sem se conter de emoção beija-lhe o rosto em agradecimento.
- Ao receber aquele beijo, Walter percebe que esse pode ser o selo de um sentimento que começara a nascer em Tânia.

Valter chega em casa sem dizer uma só palavra, mas isso não queria dizer que estivesse descontente com o que estava acontecendo, pelo contrário, estava era se questionando quanto a vida e o que ela nos reserva, e de como nossos caminhos são traçados por Deus de forma a se reparar arestas, estaciona o carro e ajuda André que mal tem forças para descer.
Bem André, esta é minha casa, espero que você se sinta bem, vou arrumar-lhe umas roupas minhas para você colocar, e enquanto você toma um banho, vou preparar algo leve para que você se alimente, e amanhã conversamos.
Tania que a tudo assistia ainda perplexa, toma a iniciativa de fazer alguma coisa.
- Valter deixe que eu prepare algo para todos, afinal você também deve estar com fome, ajude a André no que ele precisar, afinal a casa é sua e ele pode não saber como lidar.
- Bem, eu até posso te dar permissão, só se você comer conosco, aceita?
- Está bem, você me convenceu, eu janto com vocês, mas já vou avisando que a louça é e por conta dos homens está certo?
Todos riem, e enquanto Tânia se dirige para a cozinha, Valter leva André para o banho e pouco tempo depois a mesa já está posta, já que Tânia se limitou a preparar um macarrão instantâneo já que outra coisa iria tomar muito tempo, e já iria chamar Valter, quando André entra na

sala, nem parecia a mesma pessoa que Tânia conhecera no passado, mais magro e com marcas visíveis de sofrimento no rosto, cabeça baixa como que envergonhado pela sua situação, e Valter notando seu ar envergonhado, tenta descontrair aquele momento dizendo.

- Meu Deus! Que milagre que um banho não faz, você até parece outro homem, olhe que se eu não fosse homem, seria capaz de me apaixonar.

André dá um sorriso tímido, e pede para se sentar, no que Valter logo concorda, pois nota que suas mãos estão trêmulas, talvez pela fraqueza que se encontra. Então lhe diz.

- Sente-se aqui que Tânia trará algo para se alimentar, e depois penso que você vai querer descansar um pouco, e mesmo que não queira você precisa.

Andre senta -se, e logo Tânia lhe entrega um prato com macarrão e fatias de pão, André olha o prato como se fosse miragem, e ela percebendo sua atitude, imagina a quanto tempo deve ele ter ficado sem uma simples refeição, pois era só macarrão instantâneo nada além disso, então ela disfarça, e já voltando a cozinha quando André diz.

- Obrigado por tudo que estão fazendo por mim, só não sei como pagar.

-Não se preocupe com isso, por hora pague aceitando nossa ajuda, porque amanhã será um novo dia e se tiver

de lhe cobrar algum dia, prometo que não irei lhe cobrar muito caro.
Todos riem, e desta vez André também sorri, e parece se entregar àquele momento tão especial em sua vida, e apressadamente dá a primeira garfada, demonstrando o prazer em ali estar.
Após o jantar, André deixa visível seu estado de prostração, e logo adormece no sofá onde Tânia preparou um local confortável para que ele descansasse.
Tânia diz a Walter que irá para casa descansar também pois o dia foi cheio, se despede dizendo a ele que está feliz por ser sábado, porque assim terá o domingo para descansar, e mais uma vez lhe agradece pelo que está fazendo a André.
Valter lhe diz que a levará em casa, mas ela se nega, diz que está cedo que e perto e que André pode despertar e ficar confuso por não entender o que está fazendo ali, então mais uma vez o agradece, e antes de sair, beijar-lhe o rosto, mas desta vez não é por emoção ou gratidão, foi levada por um sentimento que há muito não sentia, e quem se emociona desta vez é Walter, que sem querer deixa uma lagrima cair, uma lágrima de felicidade, felicidade esta que a muito também não sentia, mas Tânia não percebe, e aos poucos desaparece no fim da rua observada por Valter.
No outro dia pela manhã Tânia está de volta, André e Valter estão à mesa e a convidam para o café, ela se senta

e observa que André está bem melhor que na noite anterior.

Tânia percebe que seu sentimento em relação a ele mudou e que não mais o vê com mágoas ou com amor, e que apenas um sentimento de carinho a une a ele, é como se fossem irmãos que estavam separados e que se reencontraram para refazer caminhos tortuosos, onde os dois erraram, mas Tânia se sente incomodada por se sentir responsável pelo sofrimento a qual André está passando e que poderia ter sido evitado se ela não tivesse cedido aos instintos de vingança, se lembra dos conselhos de Vânia e reconhece que se a tivesse ouvido muitas dores teriam sido evitadas, mas agora que reconhece que errou, tudo fará para que André se recupere e assim recuperar a paz na consciência. Durante o café, André permaneceu calado e é Walter que quebra o gelo ao comentar.

- André, você está tão calado, não está gostando daqui?

- Perdoe-me, é que estava pensando no quanto que vocês foram gentis em me acolher, mas sei que não posso ficar aqui por muito tempo e nem quero abusar da boa vontade de vocês, mas sinceramente não sei o que fazer.

- Calma André! Você nem chegou já está querendo partir? Não é hora de pensar nisso, e se você quiser, poderá ficar aqui comigo o tempo que quiser, pois sou sozinho e você pode me fazer companhia.

- Não sei se mereço o que você está me propondo Valter, afinal eu não o conheço e a única pessoa a qual conheço tem todos os motivos para me odiar, e sei que mereço esse ódio.
Tânia que escuta o diálogo entra na conversa.
- Não diga isso André, eu não o odeio, embora tenha sofrido muito, ao menos não mais, confesso que senti muita raiva, mas agora vejo as coisas de outra forma e sinto-me responsável por tudo que você está passando, tanto que te peço perdão.
- Não há nada a perdoar Tânia, e tudo que estou colhendo é fruto de minha própria plantação, eu fiz por merecer cada sofrimento, e por isso nunca culpei ninguém, eu mereço tudo o que estou passando e muito tenho de fazer para me redimir, só não sei como, mas vou lhes contar minha estória e aí talvez vocês talvez até se arrependam de ter me acolhido, mas eu entenderei se não me quiserem ajudar e seguirei meu destino, mas preciso que conheçam o verdadeiro André que aqui está, até mesmo para que eu me sinta bem comigo mesmo, ainda não estou preparado, mas prometo que irei me preparar, porque lembrar de tudo que fiz me faz me odiar, só peço-vos um tempo, e lhes contarei minha história, mas só para vocês terem ideia de como sou um fraco, vou lhes contar apenas parte de como cheguei ao estado em que me encontraram porque a história de minha vida é longa.

- Tânia lembra quando fui até ela pra dizer que não mais iria conseguir pagar o aluguel pois estava em uma situação precária e com Maura doente.
Tânia se lembra e sabe que foi por isso que começou sua saga de vingança, e voltar a esse tempo a incomoda. Mas André continua.
- Quando Maura, minha companheira morreu, me senti a pior das criaturas, e me culpei por nada ter podido fazer para mantê-la aqui, sei que fiz o que podia e só não fiz mais porque não tinha condições, mas isso não aliviava minha culpa.
André dá uma pausa e recomeça.
- Quando já não tinha mais nenhum dinheiro, vendi a casa em que morávamos e comprei uma casa em um bairro simples.
Tânia se lembra da casa em ruínas onde foi procurá-lo.
- Mas lá moramos por pouco tempo, pois Maura pouco tempo depois morreu, e eu inconformado me desesperei, vendi a casa e passei a beber.
- O resto do dinheiro que tinha sobrado eu o gastei em noitadas onde bebia e saia com várias mulheres na esperança de esquecer meu drama, só que era tudo em vão e o pouco tempo que passava lúcido, não era suficiente para que eu mudasse de atitude e aí, envergonhado e me sentindo mais culpado ainda, me jogava novamente na esbórnia, e a cada dia eu descia o mais baixo que um ser humano possa suportar, e foi nesse abismo que vocês me encontraram, mas não se

preocupem comigo, sei da minha condição de fracassado e não quero envolvê-los nisso, sou muito grato pelo que vocês fizeram por mim, mas creio que é melhor voltar para o meu mundo, pois é o mundo que eu construí, então eu o mereço.

- O que você está dizendo André?

Valter interrompe.

- Ninguém merece viver eternamente sofrendo, e além do mais, Deus é justo, e sendo nosso pai só quer o nosso bem. Olhe, como disse antes, você não precisa ir embora, pode ficar aqui e recomeçar sua vida, sei que você é honesto e isto me basta para lhe dar abrigo aqui.

- Mas como posso ficar aqui sem um emprego? Não posso aceitar que me sustentem, a vida não é fácil a ninguém e não quero ser um peso a mais, como disse, eu mereço tudo o que estou passando e só o fato de saber que vocês confiam em mim já me é um grande estímulo, sem contar que nem documentos eu mais tenho, nas minhas caminhadas eu perdi tudo, na verdade perdi até a dignidade.

- Calma André, tudo na vida tem solução, e não ter documento não é o maior dos problemas, pois documentos se tira outro, agora quanto a sua dignidade não creio que você a tenha perdido, pois se assim fosse você não estaria aqui recusando nossa ajuda simplesmente pelo fato de não ter como se manter, coisa que também não vejo como problema, pois tentarei arrumar uma colocação para você! Qual era sua área profissional anterior?

- Na verdade eu trabalhava por conta, mas com a doença de Maura, fui perdendo todo capital e acabei aceitando um emprego de representante comercial para manter a casa.

- Pois está resolvido, você trabalhará comigo, é só o tempo de regularizar seus documentos, sou gerente em uma loja e não será difícil arrumar uma ocupação para você, e enquanto isto aproveite para descansar e se refazer, pois eu não vou te dar moleza não. Não se esqueça que vou te arrumar apenas uma vaga onde trabalho, mas se prepare porque sou muito exigente e lhe cobrarei assim como cobro a todos.. Valter sorri.

- André o abraça chorando de alegria e lhe agradece, mas Valter muda de assunto, pois não gosta de agradecimento, afinal para ele o que está fazendo não tem nada de especial a não ser colocar em prática os ensinamentos do Cristo, fazer o bem sem olhar a quem.

André recomeça sua vida.
O trabalho que Valter lhe arrumou o faz se sentir mais útil e já procurava um novo lugar para morar, pois não quer mais incomodar o amigo que tão bondosamente o acolheu, e na primeira oportunidade fala ao amigo.
- Sabe Valter, neste pouco tempo em que convivemos juntos foi o suficiente para reconhecer que você é um grande ser humano e um excelente amigo, e nem sei como retribuir tanto carinho e confiança que você depositou em mim, mas creio que posso pelo menos tentar, lembro-me que você comentou certa vez que é um dos voluntários que auxilia os menos favorecidos e gostaria de também seguir esse caminho, será que posso?
- Claro André! Para se fazer o bem, não é preciso pedir permissão, é só começar.
- Sim, mas é que quase nada sei a respeito deste grupo de ajuda, a não ser que ele é integrado a uma casa espírita a qual você participa, e confesso que nada sei a respeito desta doutrina que acredita que se nasce novamente e que se pode falar com os mortos, mas uma coisa está bem visível, pois através de tantas ações em favor do próximo, só pode ser algo bom, porque só pensam no bem comum, e eu gostaria muito de me inscrever nessa casa a qual você vai para também estudar e aprender, como posso fazê-lo?
Valter sorri e diz.
- Ninguém se inscreve na tarefa do bem, é só pagar a taxa e pronto.

-Brinca Valter.
- Taxa, que taxa? E é muito alta, onde é que eu pago?
- É altíssima, e essa taxa poucos consegue pagar, pois só consegue pegá-la quem a tem em abundância, e quanto ao local do pagamento, nós mesmos é que escolhemos.
- Como assim? Não entendi.
Valter o abraça e diz.
- Não se preocupe André, você a tem em quantidade suficiente, o nome desta taxa é amor, amor ao próximo, amor a Deus, amor à vida e muitas outras formas de amor que ao longo do trabalho vamos conhecendo, você está disposto a pagá-la?
- Nossa, que susto você me deu Valter!
- Claro que estou, afinal eu mesmo já recebi uma boa porção deste amor quando você e Tânia me encontraram e socorreram, e por falar em Tânia, você a ama não é mesmo?
- Sim, eu a amo muito, amo-a tanto que sou capaz de renunciar a ela só para vê-la feliz, mas deixa isso pra lá, que dia você quer ir a casa espírita?
- Assim que você quiser me levar, se possível agora, pois não vejo a hora de colocar a mão na massa.
Os dois riem. Enquanto isso, Tânia procura Vânia para contar sobre André e se confessar apaixonada por Valter.
- Que ótimo Tânia! Até que enfim você se decidiu, espero que dê tudo certo para vocês dois e que sejam muito felizes assim como estou sendo com Sérgio.

- Você já se declarou a Ele?
-Tânia fica muito feliz com o que ouve da amiga sobre a relação entre ela e Sérgio, tanto que nem ouve o que lhe foi perguntado.
- Ei, Acorda, me diga se você já se declarou a Valter?
- Ainda não, prefiro esperar o momento certo, mas me diga Vânia, porque você diz que está sendo feliz, você não era feliz antes?
Tânia quer saber mais para ter a certeza que Sérgio a esquecera.
- Sim era, mas havia alguma coisa errada entre eu e Sérgio, acho que deve ter sido por causa da gravidez, do parto ou por causa do meu estado de saúde.
- Sabe Tânia, nós tivemos uma conversa franca e ele me confessou que chegou a pensar que já não me amava mais e que até se interessou por alguém.
Tânia se assusta, será que ele falou sobre ela? Mas disfarça o embaraço e lhe pergunta.
- Mas ele disse quem era essa pessoa e se chegaram a ter algum relacionamento?
- Não, ele me disse que nada aconteceu entre os dois porque ela não quis e que se ela tivesse cedido talvez hoje ele fosse a pessoa mais infeliz do mundo, e que devia a nossa felicidades a ela, e disse ainda que hoje a vê somente como uma lembrança de um tempo distante, mas que não me diria quem é porque de nada iria servir e só iria me causar mais dores.

- Bem, e como todos dizem, prefiro crer que o que os olhos não vêem o coração não sente, e acho que é assim mesmo, pois no começo me senti traída e magoada, mas o amor que sinto por ele é tanto que não deixou a mágoa tomar conta do meu coração, e graças a Deus estamos bem e felizes, e agora mais felizes que antes.

- E por falar em felicidade tenho um convite a fazer a você e ao Valter , e não aceito um não como resposta.

- Convite, é de aniversario? Mas eu já nem lembro mais quem de vocês aniversaria por agora.

- Não é aniversário, é de madrinha.

- Madrinha, Vânia, você está doida? Carol já é batizada, você se esqueceu?

- Claro que não esqueci, e o convite não é para Carol, é para essa criança que está na minha barriga.

- Você está grávida novamente? Parabéns amiga, é claro que aceito, nossa, nem acredito que nossas vidas estão se unindo de uma forma tão forte, afinal ser madrinha é ser segunda mãe, será uma honra para mim ser digna de tanta confiança de sua parte, olha Vânia, você conseguiu me fazer sentir um pouco mais feliz, só não posso dizer que o sou totalmente ainda.

- Porque você diz isso Tânia, você não está bem?

-Desculpe-me, mas é que em nossa última conversa você me disse que estava apaixonada, que recebeu uma promoção no emprego, que André está bem e se recuperando, então não entendo o porquê de não se sentir feliz!

- Eu sei, tudo isso é verdade, mas é justamente André que me preocupa.
- Porque você diz isso, por acaso ele está te causando problemas? Não vai me dizer que ele é impedimento entre você e Valter?
- Não! Não é isso, mas você se lembra de que quando ele me abandonou eu fiquei arrasada e em função disso, fiz coisas horríveis movidas pelo ódio e desejo de vingança indo atrás daquela vidente?
- Sim, mas isso já passou, esquece.
- Não dá para esquecer, pois é justamente isto que não me deixa em paz, eu até já procurei aquela vidente para desfazer o que fiz, mas ela sumiu como pó e ninguém sabe dela.
- O que faço agora?
- Sabe Tânia, não vou dizer que te avisei porque além de não mudar o que já foi, não vai lhe ajudar em nada, e também porque penso, embora eu não entenda muito dessas coisas, mas acho que o mal só atinge o alvo através das vibrações que se emite e naquele tempo você só emitia vibrações ruins e isto pelo que vejo não acontece mais, então, creio que no momento em que você viu André e se arrependeu do que tinha feito, e ainda fez de tudo para ajudá-lo, essas vibrações de ódio e rancor foram neutralizadas, e tanto é verdade que André agora já está se recuperando e se reerguendo na vida.
- Sempre ouvi dizerem que o bem anula o mal, então se assim é, e eu quero crer que seja, seu desejo de bem a ele

neste momento já é suficiente para anular todo mal que você lhes fez.
- Olhe, em minha opinião o suposto trabalho já foi desfeito no momento em que você percebeu que errou, isto é, se realmente foi feito.
- Como assim, você acha que a vidente me enganou?
E porque não? Pense Tânia, a partir da hora em que alguém usa os dons Divinos em proveito próprio, já está demonstrando uma má índole, e uma pessoa assim, pode muito bem mentir e enganar as pessoas que no desespero vão a sua procura.
- Mas Vânia, ela falou tudo o que eu estava passando, como poderia saber de minha vida se eu não a conhecia e nunca a tinha visto?
Argumenta Tânia.
- Desculpe-me Tânia, mas você é muito inocente, tanto que não percebe o quanto se torna fácil descobrir segredos de alguém que busca solução de seus problemas em lugares como o que você foi. E além do mais é muito fácil se falar sobre a dor humana, afinal quem não sofre por amor, quem não tem um problema financeiro, e quem está totalmente saudável fisicamente?
- E você acha mesmo que quem assim se encontra vai em busca deste tipo de ajuda, e pra que iriam?
- Quando você lá chegou, foi fácil descobrir o que buscava, pois só se procura estes lugares atrás de trabalhos ou adivinhações, e sabe de uma coisa, estas pessoas já estão acostumadas até com o olhar de quem as

procura, e daí a adivinhar seus problemas é só questão de malícia, e isto é o que mais se tem nesses lugares, e coincidentemente ela acertou alguma coisa de sua vida, e com certeza você confirmou, daí a adivinhar o resto foi fácil, pois ela dizia uma coisa e você certamente lhe fornecia o resto de bandeja.
- Não sei Vânia, mas Maura a mulher de André até morreu por causa disto, e creio que a culpa foi minha, pois se ele não tivesse perdido o emprego teria tido condições de continuar o tratamento médico que ela fazia. Nossa, não gosto nem de imaginar que carrego a morte de alguém nas costas, mesmo não tendo desejado, porque em nenhum momento desejei a morte de ninguém, só queria que André sofresse.
- Quer um conselho Tânia? Abra seu coração para André e com certeza ele entenderá suas razões, pois onde há sinceridade o perdão sempre prevalece, e se não lhe perdoar, ao menos você terá sua consciência mais tranquila por ter tentado reparar seu erro.
Sérgio chega interrompendo a conversa.
Sérgio, já em casa? Veja quem veio nos visitar!
- Oi Tânia, tudo bem?
E antes que Tânia responda, lhe pede que faça companhia a Tânia enquanto iria preparar um café para todos.
Vânia sai e deixa-os a sós. Tânia fica um pouco temerosa pelo que possa acontecer. E pensa em falar alguma coisa, alegando querer ajudar Vânia na cozinha, para impedir

aquele momento a sós com Sérgio, mas ele a interrompe antes mesmo de falar e a segura pelo braço enquanto diz.
- Tânia, foi bom Vania sair e ter nos deixado a sós, temos muito que conversar, mas não é uma conversa do qual ela possa participar.
Tânia se esquiva, e já ia se defender colocando-o em seu lugar, mas é interrompida por ele que continua.
- Calma, eu sei que você deve estar pensando coisas horríveis sobre mim, mas não é nada do que você imagina não, preciso mesmo é te pedir desculpas pelo tempo em que lhe desrespeitei e ao meu lar também, sei que por muito tempo lhe assediei, e hoje vejo a horrorosidade de meu ato, sabe Tânia, hoje sei que na verdade eu confundi meus sentimentos a seu respeito, e que o que sentia era apenas piedade por tudo o que você estava passando.
- Era como se eu quisesse lhe abraçar e dizer conte comigo, coisa de irmãos ou amigos mais próximos, mas em vista dos momentos ruins que eu e Vânia estávamos passando, confundi tudo, espero que me perdoe, e obrigado por não ter cedido as minhas propostas e por não ter dito nada a Vânia, se isso tivesse acontecido, eu teria desgracado a minha a sua e a vida dela, você é uma grande mulher e a melhor amiga que se pode ter, pois se não fosse sua recusa eu nunca iria perceber o quanto amo Vânia, ou talvez quando descobrisse poderia ser tarde demais. Obrigado mais uma vez e espero sinceramente que não tenha ficado nenhum ressentimento entre nós,

ainda mais agora que seremos compadre e comadre e dividiremos a tarefa de educar essa criança que vem por aí.
- Sabe, acho até que isso é armação de Deus para nos unir como uma verdadeira família, afinal Vânia te adora e Carol nem se fala, quanto a mim você a partir de hoje será como uma irmã querida, e espero ser aceito como tal. Enquanto os dois conversam, não percebem que Vânia a tudo ouvia, afinal ela já havia pensado em promover aquele encontro entre os dois quando houvesse oportunidade, pois logo que Tânia se foi para a pensão, percebeu em Sérgio uma mudança afetiva em relação a ela, e ao mesmo tempo um certo desconforto em olhá-la nos olhos, e resolveu ter uma conversa franca com Sérgio para tentar entender, afinal já estava imaginando ser ela o problema, e foi nesta conversa, onde seu intuito era esclarecer os motivos pelo qual Sérgio estava distante, que ele, então lhe confessou ter sido fraco, e falou lhe do seu interesse por outra pessoa, mas afirmou que nada havia acontecido e que a amava, mas que a vergonha de ter agido daquela forma que o incomodava, e que por isso vivia cabisbaixo, calado e mantendo uma distância que não queria, porque não tinha coragem de olhar em seus olhos.
Diante desta condição, Vânia começou a ligar os fatos das conversas que tinha com Vânia, e da forma em muitas vezes ela se esquiva a qualquer coisa que

envolvesse Sérgio, e por conta do que Sérgio contou é que desconfiou que a mulher a qual Sérgio se referia, poderia ser Tânia,

e aí arquitetou esse plano para dar a eles a chance de se mostrarem como realmente eram e do quanto poderia confiar nos dois, mas o diálogo dos dois só fez reforçar o que Sérgio já tinha lhe dito e de que poderia sim confiar em Tânia, e ela estava muito feliz, pois realmente podia confiar que não fora traída. embora Sérgio tivesse tido esse momento de insegurança, mas ele demonstrava com esse diálogo que a amava de verdade, e Tânia provava ser mais que uma grande amiga, e que ela agira com Sérgio, de forma que só uma irmã querida o faria. E é neste clima de alívio que ela entra na sala sem que os dois imaginassem que tudo foi arquitetado por ela e que a tudo ouvira.

- Olhem o café chegando.

E enquanto tomam o café fazem planos para o futuro de todos.

Tânia vai para casa, e no caminho pensa em tudo o que Vânia falou-lhe.

Será que André a perdoaria? Ela não queria mais sentir aquela sensação de que o tinha prejudicado, mas e se a conversa com André trouxesse de volta todas as lembranças sofridas que ele tanto se esforçava para esquecer? E se diante de sua confissão ele se revoltasse e voltasse a se embriagar? Era uma dúvida cruel, mas ela teria que tomar uma decisão, decidiu então que procuraria Walter para se aconselhar, e quem sabe ele lhe daria uma luz, era a melhor coisa a fazer, e o que Walter lhe dissesse, ela faria. E assim fez, já no outro dia falou com Walter.

- Então walter, é isto, e sinceramente não sei o que fazer, hoje sei o valor dos conselhos de Vânia que eu não quis seguir, e consigo entender o que ela queria que eu compreendesse quando dizia que o bem ou mal que fazemos aos outros, fatalmente retorna a nós mesmos, prova é que hoje estou aqui a colher em forma de arrependimento, os frutos amargos que eu mesma plantei e reguei com meu ódio e rancor,

- O que você me aconselha a fazer amigo, sigo o conselho de Vânia e abro meu coração com André?

- Mas e se ele recair se revoltar e não aceitar meu pedido de perdão? Por favor, me ajude o que é que faço?

Walter fica em silêncio por alguns segundos, talvez pensando em uma forma de falar com Tânia sem que ela se sinta pior do que já está, então, ele segura suas mãos e lhe responde.

- Tânia, você sabe o quanto eu gosto de você, e é em nome deste sentimento que eu devo lhe ser o mais sincero possível.

- Não sei se você está em condições de ouvir as verdades que merece, pois você sabe que às vezes a verdade costuma doer, pois fere o nosso orgulho, mas você me

pede ajuda e a única ajuda que posso te dar é a verdade, mesmo que com isto você venha momentaneamente me odiar, digo momentaneamente pois sei que com o passar do tempo ao julgar minha atitude você me entenderá.
- Nossa walter! Você fala de um jeito que tenho até medo de ouvir, mas pode ser sincero, prometo que o ouvirei até o final sem me zangar.
- Bem Tânia, você sabe que por causa do seu orgulho ferido você feriu outras pessoas, pois bem, que você tenha certa culpa está claro, pois ao evocar forças do mal você deu forças a inimigos invisíveis de André que também pensavam em vingança, e a pretexto de te ajudar no seu plano de vingança agiram contra André e Maura.
- Inimigos invisíveis, como assim?
- Tânia eu não sei qual o seu entendimento sobre a vivências humanas, e nem se você acredita em reencarnação, mas nós não temos só uma vida, tivemos várias anteriores a esta, e ainda teremos muitas outras, e muitas vezes é na vida presente que reparamos erros cometidos em vidas anteriores, portanto, a maior causa dos nossos sofrimentos atuais foram causados por nós mesmos em outras vivências.
Valter dá uma pausa para que Tânia consiga compreender o que ele está tentando lhe dizer, mas logo continua.
- Mas não pense que pelo fato de estarmos aqui neste plano para reparar alguns erros, que devemos aceitar os

sofrimentos sem lutas, pelo contrário, é nas lutas para superarmos essas dificuldades que está o mérito da vitória, mas essas lutas têm que ser honestas e sem mais comprometimento com nossos desafetos, ou teremos que retornar para novamente começar a batalha pelo crescimento moral de ambas as partes.

- Mas darei um exemplo usando o seu drama e depois você julga se aceita ou não.

- Sei que seu sofrimento com a separação de André foi grande, mas e se vocês tivessem que passar por essa situação para assim resgatar erros passados, teria então fracassado? Se sim, de quem seria a culpa, de André que a deixou ou de você que não o perdoou?

- Procure ver por outro lado.

- Se você o tivesse perdoado, não teria ido à procura da vidente para o mal, teria sim, se esforçado para sobreviver e esquecer a dor, e ao mergulhar-se no trabalho teria o esquecimento do passado mais rápido, e também teria conhecido novos amigos, chegando assim mais rápido a verdadeira felicidade.

Tania o interrompe.

- Você quer dizer com isso que realmente eu fui culpada pelo que aconteceu a André e pela morte de Maura?

- Não foi isso que eu disse.

Respondeu- lhe walter.

- O que eu quis dizer é que mesmo que André tivesse que passar pela dor da perda de Maura, se ele não estivesse envolvido em dívidas passadas com esses pseudo inimigos invisíveis, talvez, e digo talvez por não conhecer a fundo os desígnios Divinos, ele teria maior lucidez para enfrentar a dor e não teria se envolvido com o álcool, e assim recomeçaria sua vida sem maiores sofrimentos.

Novamente tanto o interrompe.

- Sabe walter, acho que terei que conviver com essa culpa para sempre.

- Não Tânia! Não pense em culpa, você deve compreender que culpa é uma palavra que muitas vezes não condiz com o sentido que a ela damos, pois como julgar culpada uma pessoa que age movida pelo impulso pensando ser correta sua ação?

- Pense comigo, no momento em que você cometeu esses atos, você os via como a sua verdade ou como algo certo a fazer, e não se esqueça que naquele momento você estava sob o domínio do ódio, sem contar que você não agiu sozinha, pois seu ódio facilitou a entrada em suas vibrações por seres invisíveis que, se aproveitando da sua dor a levou a praticar atos que esses seres sozinhos não conseguiriam, só que isto não a isenta de toda a culpa, pois você poderia ter feito uso do seu livre arbítrio e afastado-os, e nisto, Vânia foi de grande ajuda ao lhe aconselhar, bastava a você ouvi-la, só que você preferiu ouvir seu orgulho ferido.

Tânia chora, pois na verdade gostaria de ouvir que não tinha culpa, mas as palavras de Walter lhe caiam fundo no peito e sabia que tudo o que ouvia era verdade.

Walter a abraça com carinho e sente que é correspondido era esse o sinal de que ela estava pronta para realmente recomeçar uma nova etapa de vida.
- Valter? Pergunta Tânia.
- O que é que eu faço agora? Como posso reparar esse erro sem magoar mais ainda André que já foi tão magoado, fico pensando em como ele receberá minha confissão, será que entenderá?
- Olha Vânia, você agora está na dependência dos sentimentos dele, ele tanto pode compreender como também pode acusá-la de ser a única causadora de seus males, mas essa situação você terá que enfrentar um dia, até para ter paz na consciência, mas não se esqueça que André está do lado oposto ao seu, ou seja do lado em que você esteve um dia e jurou vingança, o lado de quem pensa ser vítima, e ele pode ter a mesma atitude que você teve, mas se isto acontecer, você já terá feito a sua parte e terá que esperar para que ele a veja como você o vê hoje, e de minha parte, só posso fazer por ele o que fiz por você, enviar vibrações de amor para que ele não seja envolvido em fluidos negativos dos seres inferiores que são avessos ao perdão, por se alimentar das vibrações inferiores que o perdão neutraliza.
- Você está certo, falarei com ele e abrirei meu coração, e se acaso não me perdoar, não o posso culpar, mas queria que você estivesse presente, pois sinto que ao seu lado sou mais forte, você me acompanha? - Claro Tânia, sempre que precisar estarei ao seu lado, e se fosse por

mim não a deixaria nunca só.
Tânia se emociona com essas palavras e diz.
- Valter, demorei muito para aceitar, mas agora sei que também sinto muito sua falta, você conseguiu me fazer feliz outra vez, pois pensei que nunca mais o seria, e achei até que não mais seria capaz de amar novamente, e hoje sinto que só agora eu sei o que é o amor.
Valter se emociona e quase em lágrimas diz.
- Tânia, você está querendo dizer que me ama?
- Sim Valter, eu demorei em perceber, mas agora tenho certeza, eu o amo e não quero por nada no mundo te perder.
- Você nunca irá me perder, eu prometo. Os dois se beijam e selam naquele momento o início de uma nova vida. Após aquele dia, eles resolveram esperar que André se fortalecesse mais nas coisas do espírito para poder enfrentar a confissão de Tânia, e Valter achou por bem o convidar para ir na casa espírita, Tânia também foi convidada a ir, mas recusou o convite alegando que primeiro tinha que se sentir limpa, e usou como alegação as palavras do cristo que diz
"Antes de me trazer a oferta primeiro vá e se reconcilie com seu irmão" .
Valter a olha com carinho e lhe diz que não é bem assim, e que é nos momentos de desequilíbrio, fragilidade e necessidades íntimas que devemos buscar fortalecimento, mas que não iria forçá-la a nada, e que já que era assim que ela se sentia, que então ela deveria

pegar as rédeas de sua vida e seguir em frente, porque o tempo somos nós que fazemos.

Vânia ficou com aquelas palavras no pensamento e entendeu que não podia mais esperar, que tinha de resolver seu drama com André o mais breve possível, pois só assim encontraria a paz que precisava.

E em uma tarde em que foi a casa de Valter, criou coragem para fazer o que tanto queria, conversar com André e aparar as arestas de uma vez.

- André, eu preciso falar com você.

- Não sei se você entenderá, e nem mesmo se me perdoará pelo que fiz, mas só o fato de eu ter coragem para falar-lhe já me fará um grande bem, por isso peço-lhe que me ouça até o fim, depois eu prometo que aceitarei a sua decisão por mais dura que ela venha a ser.

- Nossa Tânia, assim você me assusta, quem você matou?

Brinca André.

- Matar eu não matei, mas creio que contribui para a morte de alguém sim, e isso me pesa muito e só você pode me tirar esse peso da consciência, seja me perdoando ou condenando.

- Credo Tânia, começo a ficar com medo, mas me diga, o que você fez de tão grave?

Tânia aperta a mão de Valter como que a buscar forças e coragem e abre seu coração a André que a ouve em silêncio. Tânia conta tudo nos mínimos detalhes e quando termina André enxuga uma lágrima, e com a voz embargada pelas lembranças sofridas lhe diz.

- Sabe Tania, após ouvi-la creio que lhe devo algumas explicações e também um pedido de desculpas.

- Não, André, quem precisa de perdão sou eu que tanto mal te causei.

- Tânia escuta-me, você disse que era para eu te ouvir até o fim que depois você aceitaria minha decisão, pois bem, agora quem pede sou eu , ouça-me por favor e depois você tira suas conclusões.

Valter ouvia os dois , mas seus pensamentos estavam longe dali, pois naquele momento ele pressentiu presença invisíveis lhes observando, era os pais de André, Maura, e mais afastado, havia um rapaz que de longe observava aquele diálogo entre os dois, e grato se sentia por ter sido perdoado, era o filho de dona Maria das Graças, que fez questão de neste momento tão especial para os dois, participar e vibrar para que tudo fosse esclarecido e assim ver todos os envolvidos seguir em frente, afinal todos ali presente foram vítimas e algozes um dos outros , e as culpas de André e Tânia os afetam diretamente, não deixando que eles seguissem os novos rumos traçado para suas escala evolutiva. E André continuava a falar com Tânia.

- Tânia me ouça. André fala.

- Quando nos conhecemos, eu já tinha tido um envolvimento sentimental com Maura, meus pais nada sabiam, por isso nada lhes falaram sobre ela, pois não aprovariam que eu escondesse de você algo tão sério. Eu e Maura nos conhecemos ainda no tempo do colégio, e nosso relacionamento era algo entre amizade e companheirismo, pois tudo fazíamos juntos, mas com o passar do tempo nosso relacionamento se tornou mais íntimo e como consequência ela engravidou. Nos éramos muito jovens ainda e sem responsabilidades, pelo menos no que diz respeito a sermos pais, e sem condições psicológicas para assumir nosso erro optamos pelo aborto.

Maura sofreu muito, pois embora sem condições e mesmo sabendo que os pais não aceitariam aquela situação, não queria cometer aquele ato, mas seguindo meus conselhos acabou por realizá-lo, mesmo contra a vontade.

Andre para um pouco de falar, e é como se voltasse no tempo da juventude e te esse aquela cena. Mas logo continua.

- Depois deste ato que hoje me arrependo amargamente, nós nos afastamos e quase não nos víamos, foi aí que te conheci. Você me conquistou com sua maneira alegre e franca de ser, e pensei que ao seu lado, de certa forma me faria esquecer Maura e tudo que aconteceu conosco, mas não consegui, e em consequência desta desilusão, não consegui ser fiel a você por muito tempo, e muitos outros casos eu tive, na realidade eu estava era buscando uma paz que não existia dentro de mim e pensava que estando com outras mulheres eu esqueceria Maura, que

hoje sei, foi a única que amei. André dá uma pausa e recomeça.
No dia do nosso casamento, Maura estava na igreja, muito abatida e em lágrimas, eu a vi, mas nada podia fazer naquele momento, e da mesma forma que se fez presente, ela se foi sem que eu percebesse, mas sua imagem não saia de meu pensamento e por pouco eu não te deixei no altar e fui atrás dela, e só não o fiz em respeito aos meus pais que sofreriam muito com essa minha atitude, porque você para eles, era a filha que não tiveram.
Passado alguns dias eu estava desesperado com a última imagem que tive de Maura e resolvi ir procurá-la, e foi aí que descobri que ela estava muito doente e sem recurso para se tratar, pois os pais dela descobriram o que ela fez e a expulsaram de casa, ela então morava em uma pensão onde trabalhava para pagar o quarto simples que dormia. Comecei então a ajudá-la e foi aí que percebi o quanto a amava, mas estava casado e não podia decepcionar meus pais, então comecei a viver uma vida dupla.
André respira fundo e continua sem perceber o quanto Tânia se emocionava com sua narrativa.
Quando você me disse que estava grávida, fiquei chocado, pois essa notícia trouxe a tona tudo o que Maura teve que fazer com nosso filho a pedido meu, e talvez por isso eu não me permitisse ficar feliz com a notícia da sua gravidez, só que esse meu ato também

prejudicava você que de nada sabia e nada tinha a ver com meus desencantos.
Tânia interrompe.
- Porque você não me contou a verdade, talvez eu até sofreria, mas com o tempo quem sabe eu não teria entendido?
- Não consegui. Na verdade eu era fraco e cada vez mais eu me envolvia numa situação a meu ver sem solução.
- Bem, eu ia levando a vida como dava e creio que não fazia ninguém feliz e nem eu mesmo o era, e foi nesse clima que meus pais sofreram aquele acidente e morreram, e o que eu pensava ser empecilho para te abandonar já não existia, foi então que eu lhe deixei, sozinha e grávida de um filho meu, e não percebi que estava fazendo a você o mesmo que fizera a Maura, rejeitando mais um filho.
- Depois disto, fui morar com Maura com a esperança de dar a ela o que eu mesmo tinha tirado, a felicidade, mas era tarde demais, por causa do aborto provocado ela caíra em depressão, não se cuidando nem mesmo com a saúde, sem contar que no aborto feito sem os devidos cuidados, já que a clínica não era das melhores, ela contraíra uma infecção, e esses fatores juntos colaboraram para que ela contraísse um câncer uterino, talvez o câncer até já estava lá, mas o aborto com certeza o agravou, e quem sabe se eu tivesse assumido a criança, nas consultas de pré natal não teria se descoberto no início e tratado e ela teria se curado.

- Que vergonha meu Deus matei dois filhos e destruí a vida de duas pessoas.
André exclama com o rosto entre as mãos, mas Tânia e Valter o abraçam, lhe dando forças para recomeçar, mesmo contra a vontade de Tânia que o pede para parar e esquecer tudo, mas ele alega que isto fará com que se sinta bem, e continua.
- Maura passou por uma cirurgia, onde lhe retiraram os órgãos reprodutores, eu de minha parte fiz de tudo para que ela se sentisse bem , como se alguma coisa fosse compensar o que estava passando, paguei quarto particular com uma enfermeira só para ela, pois a queria o mais confortável possível e como já estava desempregado, tive que vender a nossa casa, aquela em que meus pais moravam e que passei a morar quando nos separamos, vendi para pagar o hospital e o tratamento que ela teria que fazer ainda, porque havia ramificações da doença, mas a doença já tinha se espalhado para muito outros órgãos e ela acabou morrendo pouco tempo depois.
Antes de morrer ela me perdoou dizendo que eu deveria procurar ser feliz, mas eu não me perdoava e com isso eu acabei na rua embriagando-me, o resto você já sabe, pois foi na rua que você e Valter me encontraram.
Tania respira fundo e diz.
- Sabe André, apesar de sua confissão, eu tenho certeza que o mal que te fiz ao procurar a cigana com certeza contribuíram e muito, agravando assim os sofrimentos

por qual você passou, e gostaria muito de saber o que posso fazer para me redimir.
- Nada Tania, você não precisa fazer nada, pois mesmo que você não tivesse feito nada, as coisas não seriam diferentes, pois eu tenho consciência que eu fui o maior causador das dores por qual eu passei, e se te servir de alento eu tenho a consciência disto e já aceitei sem murmurar.
- Não diga isto André. Você pode até ter uma parcela de culpa, mas se eu não tivesse mexido com forças desconhecidas, talvez você não tivesse perdido o emprego e conseguiria manter o tratamento de Maura, impedindo assim que ela morresse!
Valter que a tudo ouvia em silêncio, resolve intervir e tentar esclarecer alguns pontos que poderia ajudar aos dois no entendimento da trama da qual eram vítimas.
- Tânia, minha querida, e você também André, deixa eu lhes dizer algo.
- Ninguém consegue evitar o que já está escrito, sei que os dois nunca mais serão os mesmos, e explico o porquê.
- É que o que escrevemos em nossas vidas com nossas inconseqüência fica pra sempre em nossa memória, é que no momento em que agimos, pode até parecer que melhoraria nossa condição do momento, mas na verdade criamos uma outra situação que só não afeta a quem queremos atingir, como a nós também, e infelizmente, por mais que tenhamos nos arrependido, não há como voltar atrás e desfazer, mas podemos sim impedir que

um fato novo se concretize tentando nos melhorar nos perdoar e perdoar os que atingimos, porque esquecer é impossível.

- Quero dizer com isso, que tudo o que vocês passaram tinha um propósito, é certo que poderiam sim ter agido diferente, e esse é o propósito Divino em nossa existência, que possamos aceitar sem murmurar, resignadamente mas sem acomodações, e o que seria isso? Seria o não revidar, seria o deixar as leis do amor agir em cada um, porque onde o amor reina a dor é suportável, mas ao nos deixarmos envolver no desamor, o ódio nos domina e aí sucumbimos em nossa missão que muitas vezes era o perdão. Mas não vou me estender mais não, vocês certamente irão compreender e se

libertar destas amarras de culpas...

- Obrigado Valter por nos esclarecer.

- Mas continuando.

- Tânia você não deve se sentir totalmente responsável por tudo o que me aconteceu, até porque o motivo pelo qual eu perdi o emprego não foi pelo que você fez e sim pelos excessos de faltas que tive por levar Maura ao médico, e não se esqueça que a doença dela era anterior à nossa separação, e foi justamente este o motivo que me levou a te abandonar grávida, então o que você fez ou deixou de fazer em nada contribuiu para isso, ao menos não na parte de Maura que você nem conhecia.

- Você pode até ter tido sua parcela de culpa, mas a sua participação nesse drama só se deu pelas vibrações ruins que você me enviava, só que, se eu estivesse preparado eu não teria sido atingido, e no momento em que eu me sentia culpado e revoltado pelo que estava acontecendo com Maura, deixei o campo aberto a todo tipo de vibração e foi aí que fui atingido. - Olhe eu nunca vou lhe culpar por nada, pois você foi vítima das circunstâncias tanto quanto Maura, e creio que vocês foram as mais atingida por essas vibrações que te transformou numa pessoa amarga e sem esperança, e foi a causa de todo sofrimento que Maura também passou, e é por isso que lhe perdôo, e lhe peço perdão, porque se houve erros não foi só de sua parte, eu também errei e muito, talvez até mais, pois o seu erro decorreu do meu, e suas mágoas só nasceram pelo meu abandono.

Os dois se abraçam, enquanto isso, Walter percebe através de sua intuição aflorada que lhe permite alguns quadros entrever na outra dimensão, que no plano espiritual os genitores de André, juntamente com Maura também se abraçam e juntos seguem em frente em busca de novos aprendizados, pois a eles só resta se prepararem para novas conquistas evolutivas.

Passados alguns dias Tânia já se sente um pouco melhor, a conversa com André deu-lhe coragem para enfrentar a vida com mais otimismo, já não mais sentia o peso da culpa a oprimir o peito e já se sentia movida a fazer uma visita a casa espírita a qual Walter fazia parte.

- Walter, um dia você me convidou para ir na casa espírita e eu não aceitei por me sentir indignada, mas agora eu acho que devo ir, pois só assim conseguirei entender melhor as coisas do Espírito e não cair mais nas malhas da ignorância em que um dia cai.

- Que ótimo Tânia, creia que esse é o primeiro de muitos passos que você ainda dará. Sabe, todos nós um dia temos que decidir a que caminho seguir, e tenho certeza que este é o primeiro passo para a transformação em que todos terão que passar na longa caminhada da vida, mas não pense que lá você vai encontrar facilidades para sua vida, pois irá se decepcionar.

- Como assim? Não entendo.

- Tânia eu não quero dizer que este seja o teu caso, mas muitas pessoas vão em busca do espiritismo somente a procura de milagres e satisfações pessoais, como emprego, amores não correspondido, bens materiais, e muitas outras satisfações mundanas, e quando não recebem o que buscam passam a criticá-lo como algo que nada faz em benefício de ninguém, e há os que vão em busca de conhecimento, mas em posse deles usam em proveito próprio, e nos dois casos continuam suas buscas eternamente, pois apesar de irem ao lugar certo procuram por soluções erradas.

O que muitos não sabem, é que o espiritismo cristão não está muito preocupado com a situação material das pessoas, mas sim com a situação moral, pois muitas vezes é a situação moral das pessoas é que atrai todos os sofrimentos da vida, e ao se equilibrarem, o resto se torna apenas conseqüência, pessoa equilibrada é sinal de pessoa feliz e é isto que desejamos a todos.

- Valter, não entendi uma coisa que você falou sobre procurar o espiritismo só para satisfação mundanas, penso que às vezes, precisamos de algumas satisfações neste mundo para nos sentirmos felizes, então, pelo que você disse, o espiritismo não apóia quem busca se melhorar financeiramente? Então é ele a favor da miséria e sofrimento humano? Porque se a pessoa não pode buscar se melhorar e tem de aceitar sua privação sem questionar, ou seja, ser passiva a tudo o que lhe acontecer por ser o que tem de passar, então de que adianta ir a algum lugar, seja ele qual for se nada irá mudar em sua vida?

- Tânia, veja bem, não foi isso que eu disse, talvez eu tenha me expressado mal, mas vou simplificar. Preste atenção.

- Aprendi nas obras de Kardec, e em outras obras espíritas ou não, é que há muitas obras de vários seguimentos religiosos ou não, que tem princípios a serem seguidos para um bem viver, e na bíblia também assim está, mas nem sempre a compreendemos por não ler nas entrelinhas do que realmente está sendo nos ensinados, mas continuando, aprendi em meus estudos, que geralmente o que passamos nesta vida é consequências de atos praticados em outras vidas, ou nesta também, e que esses sofrimentos na verdade, são resgates de débitos escolhidos por nós mesmo, isso quando se fala de vidas passada, porque há as consequências de atos praticados na vivência presente, desculpe usar esse exemplo, mas é o seu caso... mas continuando.

- Só que, se uma pessoa escolhe nascer na miséria para se redimir de algo feito que tenha levado alguém a essa condição, não tem que necessariamente chegar a degradação moral em que muitos afortunados o julgam.

- Como assim?

- Veja bem, se uma pessoa por força das circunstâncias é levada a morar em uma favela ou cortiço, isto não faz dela uma pessoa ruim ou menos honesta que alguém que mora em um bairro rico ou em uma mansão, e não devemos esquecer que só a Deus pertence o direito de julgar, então, esta estória de julgar as pessoas pela aparência é uma das maiores causas de desencantos humanos, pois quase sempre nos enganamos, e nesses desenganos acabamos por prejudicar quem não merecia.

- Sabe Tânia, já presenciei muitos espíritas radicais, fascinados, ou fanáticos, dizerem que tudo o que nos acontece é por vontade de Deus e que temos de aceitar, e isto é verdade, mas até certo ponto, porque não podemos nos esquecer de que nós somos os instrumentos que Deus usa, para amenizar as dores humanas pelo qual alguns tenham que passar.

- Como assim? Não entendo como pode Deus nos usar para desfazer um mal o qual Ele mesmo permitiu?
- É que você não entendeu a essência do que eu lhe disse Tânia, daí a necessidade do estudo não só das obras espíritas, mas de toda a obra que possa nos orientar ou dar parâmetros para tiramos nossas próprias conclusões, mas isso é aceitável desde que você quase nada sabe ainda sobre as coisas do Espírito, e sem querer ter a pretensão de ser um conhecedor profundo do assunto, pois sei que quase nada sei e que quanto mais estudo mais eu percebo que nada sei, vou tentar lhe explicar melhor.
- Os espíritas que acham que tudo que passamos é por vontade Divina, se limitam a dizer diante do sofrimento alheio que se a pessoa sofre é porque está pagando por um erro do passado, ou está resgatando débitos de vidas anteriores, e com este pensamento, nada fazem para auxiliá-los na situação desesperadora a qual estejam passando, só que isto é um grande engano, pois quem pode julgar até que ponto uma pessoa deve sofrer? Quem pode realmente afirmar que não chegou a hora do recomeço desta pessoa, e que não estejamos sendo instrumento de Deus para tirar a pessoa do abismo em que se encontra? Lamentar a dor alheia é fácil, difícil é amenizar essa dor sem se esconder na hipocrisia de que toda dor é necessária e que a pessoa merece o que está passando.

- Valter, você quer dizer que somos responsáveis pelo bem estar dos menos favorecidos que vivem na miséria?
- Responsável não é o termo correto, melhor seria dizer que somos irmãos, e como tal, devemos fazer o que tiver ao nosso alcance para amenizar a vida destes nossos irmãos, dando a eles condições mais dignas de vida.
- Nossa Valter! Você fala tão bonito que até emociona.
- Que isso Tânia, eu só falo o que aprendi e aceitei como verdade, pois se Deus é amor, perdão, caridade e misericórdia, porque eu que sou seu filho tenho que ser diferente? A verdade Divina é uma só e é para todos, independente de cor, raça ou crença, afinal Deus não é um só e pai de toda criação?
- Bem Tânia, não sei se ainda vai querer ir ao centro comigo, pois como deve ter percebido ser espírita é muito mais difícil do que parece, porque nos exige responsabilidades das quais não fomos obrigados a cumprir, mas que certamente irá nos incomodar o não cumprimento. Mas fica tranquila, porque o espiritismo não ensina nada que já não tenha sido dito pelo Cristo em sua passagem pela terra, e Ele falou de forma a ser entendido a todas as criaturas, e foi através dos evangelhos de Jesus, que o espiritismos e muitas outras religiões orientam seus seguidores a viverem em harmonia e se amando uns aos outros, é isto toda religião cristã ensina, pois é no evangelho que está o alerta de que, "*A quem muito for dado muito mais será*

pedido" , e isso quer dizer que de posse das verdades cristãs, não poderemos alegar inocência, pois se errarmos será um erro consciente. Agora você decide se quer mesmo ir ou não.
- Claro que quero Valter, agora mais do que nunca, pois começo a sentir que nunca vivi a verdadeira vida que deveria, e quem sabe eu não encontrei o verdadeiro sentido da vida a partir de agora.
À noite, Tânia, André e Valter se encontram para ir a casa espírita, e logo que lá chegaram Tânia já se sentiu como se parte fosse daquele grupo, tendo em vista o modo fraterno pelo qual foi acolhida, e discretamente pergunta a Walter se são os voluntários que ele havia lhe dito, do qual ele também era parte, no que recebe uma resposta afirmativa, ele ainda lhe diz que são tarefeiros do cristo e que nada esperam dos assistidos, além de que se sintam bem e recebam o bálsamo salutar a qual necessitem.
Ao final da reunião os três deixam o local em estado de graça, Valter já está acostumado com essa sensação, mas Tânia e André parecem andar nas nuvens tanto é o bem estar que estão sentindo, e no caminho de volta Tânia pergunta.
- Valter, eu também queria ajudar, eu posso ajudar como voluntária na casa?
- Claro Tânia! Só que para isto se faz necessário que você estude as obras espíritas, pois só podemos dar aquilo temos, caso contrário de nada serviremos ao

propósito da casa espírita, porque é nas obras de Kardec que conhecemos o espiritismo cristão e compreendemos o quanto podemos fazer em benefício de nosso próximo.
- É você tem razão, eu nada sei sobre a verdadeira forma de vida, e muito menos sobre o espiritismo, e sendo assim eu nada saberia responder, e nem saberia como agir se fosse indagada em alguma questão, mas vou estudar e quando me sentir pronta voltaremos a conversar sobre isto.
Os três se abraçam e riem felizes, pois sabem que o caminho será árduo, mas a recompensa será grande, pois, a cada curva da vida, uma fonte nova surge para lhes saciar a sede e dar-lhes ânimo para continuar.
O tempo passa e cada vez mais Tânia se surpreende com os novos ensinamentos da casa espírita, já não sente mais a culpa de antes, mas sabe que muito terá que fazer para se redimir de tantos males que causou a si própria se envolvendo com pessoas mistificadoras do espiritismo, como a vidente a qual depositou sua fé sem questionar se o que ela fazia era para o seu bem ou simplesmente por interesses financeiros, mas não a julgava, pois entre um dos aprendizados estava o de que não devemos julgar a ação de ninguém, pois talvez fizéssemos muito pior se em seu lugar estivéssemos, e o que motivou a vidente a agir daquela forma só a ela interessava, pois toda ação boa ou má gera frutos no futuro, e quem semeia, cedo ou tarde tem que colhê-los, e ela bem sabia disso por ter experimentado o sabor amargo que ao outro ofereceu,

então se limitava a orar para que todos que usam os conhecimentos do espírito em seu próprio benefício se esclareça também.
- Tânia, que bom que você está em casa, pois te tentei te ligar a tarde toda e ninguém atendeu!
- Oi Sérgio! Nossa que aconteceu você está ofegante, parece até que veio correndo.
- É de emoção, Vânia está no hospital, eu tentei te avisar, mas como ninguém atendia ao telefone resolvi vir pessoalmente.
- Desculpe-me Sérgio, eu havia saído e acabei de chegar, mas me diga, ela está bem, a criança já nasceu?
- Não sei, deixei-a no hospital e vim te avisar, ela estava um pouco nervosa e gostaria que você estivesse lá, acho que por medo que aconteça o mesmo que aconteceu quando Carol nasceu, o médico que a atendeu disse que está tudo bem, mas mesmo assim ela pediu pra te buscar
- Claro que irei. Deixe-me só avisar o Valter, pois só vim pegar algumas coisas porque íamos sair, mas este momento é muito mais importante e ele compreenderá.
Os dois vãos para o hospital e quando lá chegam Valter já os esperava, pois mora nas imediações e se prontificou a dar uma força a Sérgio, que apesar de confiante no estado de saúde de Vânia, também não consegue se acalmar totalmente, pois se lembra do nascimento de Carol e das complicações que Vânia tivera. E é chegando no hospital que Tânia percebe que falta alguém ali, e pergunta

-Sérgio me diga uma coisa. Com quem Carol ficou?
- Deixei-a com a vizinha, no começo ela não queria ficar, mas quando disse que iríamos buscar seu irmãozinho ela concordou.
E antes de Tânia dizer alguma coisa, o médico entra na sala de espera e pergunta.
- Quem é o responsável pela paciente Vânia?
- Sou eu doutor, sou marido dela, como ela está, o meu filho já nasceu?
- Sim e é um lindo e forte garoto, e sua mulher está bem, se vocês tiverem um pouco de paciência logo poderão vê- la, mas só por alguns minutos, pois ela precisa descansar.
- Obrigado doutor, prometo que não vamos nos exceder no tempo.
Algumas horas depois, Vânia já no quarto recebe suas visitas
- Tânia! Que bom que você veio, tive tanto medo que alguma coisa desse errado, mas veja só que meninão! Estou tão feliz!
- Nós também Vânia estamos muito felizes por você e pelo nenê, ele é tão lindo, e por falar nele, como será o nome, vocês já escolheram?
- Sabe Tânia, eu e Sérgio estivemos conversando, e como você é madrinha queríamos dar a ele o nome do filho que você perdeu.
Isso é se você concordar, o que você acha?

Os olhos de Tânia se enchem de lágrimas e ela com a voz embargada pela emoção e alegria responde

- Thiago? Esse seria o nome que meu filho teria se aqui estivesse, nossa Vânia, fico muito feliz pela lembrança e já que vocês querem, pois bem, será Thiago, e o amarei como se fosse meu filho, que na verdade não deixará de ser já que serei madrinha, e prometo fazer por ele tudo o que uma mãe faria.

- Mas não precisa ficar com ciúmes, porque você será sempre a preferida dele, pois por mais que eu faça nunca conseguirei tirar o seu título de mãe, e nem quero, pelo contrário, sempre direi a ele a mãe maravilhosa que você é e toda bondade que possui.

Todos riem felizes e Thiago reivindica seu direito de filho chorando de fome. Tânia o pega no berço ao lado da cama de Vânia e o coloca em seu colo para ser aumentado enquanto pergunta.

- Vânia, só existe um ponto nesta sua escolha que eu ainda não sei, afinal quem será o padrinho, vocês já escolheram, é alguém que conheço?

Tânia pergunta com um aperto no coração pois sente medo que Valter não aceite o par escolhido para estar com ela.

- Claro, respondeu Vânia. E Ele está bem aí ao seu lado, ou melhor, dizendo, babando em cima do afilhado.

- Eu!

Valter exclama maravilhado.

- Claro que é você! Quem mais poderia ser um padrinho tão exemplar?
- E tem mais, vocês nunca ouviram dizer que não se deve separar um casal tão apaixonado?
- Puxa gente, vocês não sabem a alegria que estão me dando, mas só aceito com uma condição.
- Ah não, só faltava essa, condição, que condição? Pergunta Sérgio.
- Que vocês sejam os nossos padrinhos de casamento, aceitam?
Vânia olha para Valter sem entender direito e responde.
- Mas a Tânia não nos disse nada? Olha que danada escondendo informações preciosas.
No que Walter responde.
- É que nem ela sabia, estou aproveitando esse momento para fazer o pedido oficial.
- Tânia quer se casar comigo?
Tania pega de surpresa, não esconde a alegria e encantamento e responde prontamente
- Claro meu amor, pensei que nunca ia me pedir em casamento.
Os dois se abraçam e o quarto se ilumina com uma luz suave que os envolve, selando o início de uma nova vida para todos. Tania então diz.
- Olhem, Thiago sorriu, acho que ele também aprova.
Todas as atenções se voltam para o pequeno ser que em suas primeiras horas de vida se torna mensageiro da paz.

A enfermeira entra no quarto pondo fim a essa reunião festiva por hora, mas que certamente perdurará no íntimo de todos.
- Desculpem-me todos, mas acho que por hoje a nossa paciente precisa descansar.
- É verdade.
Diz Tânia.
- Acho que nos excedemos, Vânia fique com Deus e você Thiago, Deus te abençoe, e cuide da mamãe para ela sair logo daí viu?
E já fora da maternidade o casal confabula.
- Nossa Tânia, estou tão feliz com o convite para ser padrinho de Thiago!
- É, eu percebi, mas me diga uma coisa, os espíritas batizam seus filhos?
- Não. Os espíritas não batizam Crisman, ou realizam cerimônia de casamento ou qualquer espécie de ritual religioso. E que espiritismo não é religião.
- Mas, então como é que ficam as crianças, ficam pagãs?
-E o nosso casamento, como é que vai ser?
- Tânia, como lhe disse, espiritismo não é religião, e por isso não se prende aos dogmas das religiões existente, e quanto a essa estória de paganismo nas crianças não batizada é apenas uma forma de impor às pessoas esses dogmas, prendendo-as ao segmento religioso em que estão, mas dentro do que cada religião se propõe, esses rituais e dogmas são até necessário para reafirmar a fé

dos que ainda precisam destes rituais para se fortalecerem em sua crença e na salvação da alma.

- Na verdade, o espiritismo vê esses rituais como desnecessários por estar já livres das amarras que os prende em uma condição, em que os homens dependem do outro para lhes auxiliar a chegar a Deus, mas os respeitam por serem necessários ao fortalecimento da fé humana, tendo em vista que tudo é em nome de fé, do entendimento e aceitação das verdades cristã, e só não os aceitam como verdades a ser imitada ou seguidas, tendo em vista que para eles, Deus seria injusto em não reconhecer um filho seu, só porque ele não recebeu os sacramentos da igreja.

- Mas essa é uma questão que não devemos julgar, pois cada um se encontra no estágio necessário à sua compreensão, e quando já estiverem preparados para as novas verdades, eles mesmo questionaram a necessidade destes sacramentos, mas tudo ao seu tempo e a sua hora, além do mais não seria caridoso destruir esses sonhos que os impulsionam para o caminho certo, só por já estarmos numa outra condição, e não podemos nos esquecer que nós também já necessitamos destes dogmas para que hoje conhecendo-os, não mais nos sentirmos culpados por deles não mais precisar.

- Você quer dizer que não estando preparadas para as verdades espirituais as religiões funcionam como estágio que passamos até que nós mesmos estejamos preparados para partir em busca de novos conhecimentos?

- Sim Tânia, mas estar preparado não é a palavra certa, melhor dizer não estarem prontos, mas é mais ou menos isso.
- E falando em dogmas, porque a preocupação com o casamento, você não confia em meu amor sem que tenhamos que passar por uma cerimônia religiosa?
- Desculpe-me Valter, não foi isso que pensei, mas acho que preciso aprender muito ainda.
- Olhe Tânia, no espiritismo as pessoas se unem por afinidades e por laços de amor e sendo assim só o casamento civil se faz suficiente, pois dele dependemos para vivermos em sociedade, quando as bençãos de Deus, ela já nos é dada assim que nos conhecemos e nos reconhecemos como pessoas que se amam, e para mim isso é suficiente, mas se você se sente melhor em uma cerimônia religiosa, podemos nos casar como você quiser, afinal, o bom do espiritismo e que Ele nos deixa livres para fazer tudo aquilo que queremos sem culpas, pois a culpa está na consciência, e o nosso livre arbítrio é que direciona nossos atos, e espiritismo não é religião, ao mesmo tempo que é todas, por aceitar a todas como estágios a evolução humana.
- Claro que não Valter! Não pense que só me sentirei casada se for na igreja, eu acho que o que vale é a convivência e não uma cerimônia religiosa e além do mais, eu já vivi esta experiência com André e veja no que deu..(risos)
- Bom, você é quem sabe.

- Ahh Tânia, já ia me esquecendo, André quer falar conosco, você sabe do que se trata?
- Não, mas vamos lá falar com ele, e assim já damos a notícia que fui pedida em casamento, depois eu vou para casa descansar pois o dia hoje foi cheio, mas ainda bem que foi cheio de boas novas.
- Tânia, Walter, ainda bem que vocês chegaram pois preciso falar-lhes.
- Oi André, que foi, algum problema?
- Não é bem um problema, talvez seja até a solução para nós todos, mas deixe-me falar depois vocês dêem sua opinião que será muito importante para mim.
- Vocês sabem que minha situação nesta casa é provisória, pois não gosto de incomodar, além do mais, vocês sabem também que estou me empenhando em mudar de vida, e acho, acho não, tenho certeza que chegou a hora de agradecer o que fizeram por mim e o tempo que passei aqui, mas é chegada a hora de partir.
- Como assim? Você vai nos deixar por quê? Não está se sentindo bem aqui?
- Não é isso. É que surgiu uma promoção para quem quiser ir trabalhar em uma filial que será aberta no interior e eu pretendo ir, pois é uma chance que não posso perder.
- Bem André, eu já sabia dessa promoção, mas nada lhe disse por medo de que você interpretasse como se eu quisesse que você fosse embora daqui, mas como você por si próprio se dispõem a ir, e se isto te fará feliz, pode

ficar tranqüilo que garanto-lhe a vaga, afinal o meu cargo de gerente ainda deve servir para alguma coisa não é mesmo?
Obrigado amigo! Sabia que podia contar com você mais uma vez. Obrigado mesmo.
André parte um mês antes do batizado de Thiago, e três meses após o batizado, Tânia e Valter se casam, só que André não veio pois estava a pouco tempo na nova loja e como gerente não podia se ausentar, mas não se esqueceu de mandar um lindo cartão desejando-lhes toda felicidades do mundo.
- Sabe Valter, já faz um ano que André se foi e quase não dá notícias, será que está tudo bem?
Creio que sim, pois na última carta que nos enviou, mencionou estar fazendo parte de um grupo espírita que lá conheceu e que continua gostando muito do novo aprendizado.
- É verdade, acho que eu estou me preocupando a toa, e que ainda não consegui me libertar totalmente do sentimento de culpa das maldades que fiz, mas isso é bom, é sinal que melhorei intimamente, mas estava aqui pensando, será que ele encontrou alguma companhia?
Tomara porque será bom a ele alguém do lado para cuidar e ser feliz
- Bem, ele estava interessado em uma moça que conheceu no centro espírita, mas como não escreveu mais, quem sabe?

Passado algum tempo Tânia engravida, fato que a deixa muito feliz e a Valter também, e para comemorar a grande notícia convidam Vânia e Sérgio para um almoço, e já estavam à mesa quando a campainha toca. É Tânia quem pergunta.
-Quem será? Você convidou mais alguém, Valter?
- Que eu me lembre não. Mas deixe que vou ver quem é, com certeza será algum vendedor ou coisa parecida, mas esperem que já volto.
- André! Que surpresa, mas vamos entrando.
- Nossa! Tânia nem vai acreditar.
- Tânia meu amor, veja quem está aqui.
- André! Que bom que você veio nos ver, pois já estávamos preocupados com a falta de notícia, pensamos até que tinha nos esquecido, mas quem é essa moça, não vai nos apresentar?
- Claro! Está é Valquiria minha esposa.
- Esposa?
Desculpem-me por não tê-los participado da nossa união, mas é que estamos juntos unidos apenas pelo laço do amor e como não fizemos nada em especial pensei que melhor seria fazer-lhes uma surpresa, afinal foi graças a vocês que me transformei no homem que sou agora e se não fosse por vocês nem sei o que seria de mim hoje.
- Venha Valquiria, deixe-me apresentá-la direito aos meus salvadores, esta é Tânia e este é Walter, um grande amigo e marido de Tânia, está e Vânia nossa amiga e seu marido Sérgio.

- É um prazer para nós te receber Valquiria, seja bem vinda à grande família, que somos.
- Mas, André, você não disse a verdade ao dizer que somos responsáveis por sua mudança.
- Como não Walter, se tudo que sou devo a vocês?
- O mérito de sua mudança é todo seu André, pois não se ajuda quem não quer ser ajudado, e você só recebeu o que já existia em seu íntimo, mas que ainda não tinha percebido, o desejo de mudança era seu, nós só servimos de apoio e o que fizemos a você, já fizemos a muitos outros que preferiram continuar no mesmo caminho que não lhe exigia responsabilidades, pois para mudar é necessário coragem em primeiro lugar, e isto você tinha de sobra.
- Mas vamos parar com essa rasgação de seda e vamos almoçar antes que esfrie, e aí vocês vão dizer que a cozinheira é que não era boa.
Todos riem e Valter aproveita a alegria de todos para levantar um brinde.
- Bem meus amigos e especialmente a André e sua linda esposa, este almoço é para comemorar a gravidez de Tânia, a chegada deste filho é motivo de muita alegria para nós dois, e como somos todos amigos, é justo comemorarmos todos juntos, levanto um brinde à saúde desta criança que desde já trouxe luz para este lar.
- Desculpe-me Valter. Valquiria interrompe.

- Mas se me permite gostaria de participar desta alegria falando algo a André, que como podem ver está todo emocionado só de ouvir a palavra gravidez.
- Ele me contou sua história e de como perdeu seus dois filhos em circunstâncias tão dolorosas.
- Claro Valquiria. Faça desta casa a sua e qualquer coisa que faça meu amigo feliz fará a todos nós também.
- Bem Tânia sei o quanto esta gravidez é importante para você e Valter e pelo que André me fala de vocês, sei que desejariam que André também pudesse ter esta alegria, pois bem ele terá.
- Como assim, você não está querendo dizer o que estou pensando?
Tânia pergunta.
- Sim, é isto mesmo.
- André meu amor eu também estou grávida e você será papai, e só não lhe disse antes pois não tinha certeza, mas ontem tive a confirmação dos exames , mas como iríamos vir para cá, pensei em falar-lhe na volta, mas pelo que vejo eu fiz um plano e Deus fez outro, então eu digo amém.
André se emociona e a abraça chorando enquanto diz.
- Obrigado meu Deus, agora sei que o senhor me perdoou, pois está me dando de volta a oportunidade de reparar meus erros do passado me dando de volta o filho que um dia rejeitei.
Todos choram emocionados e Walter com a voz embargada pela emoção diz a André.

- André meu amigo, não é hora de pensar no passado, o que importa é que de agora em diante tudo que fizermos será diferente e além do mais, quem de nós nunca errou? Somos todos passageiros de uma mesma embarcação, e se somos sobreviventes de naufrágio ou não, que importa? O que temos que fazer agora é reconstruir a embarcação e seguirmos viagem em segurança, pois sabemos que agora o timoneiro é Jesus e o comandante é Deus nosso pai, e quem está com Ele nunca fica só.
- É você tem razão, o que importa agora é viver a vida da melhor maneira possível para recuperarmos o tempo perdido, pois agora sei que viver é preciso.
Valter por alguns segundos se deixa levar por um plano paralelo e neste plano pode sentir a comoção que envolve outras criaturas, e o que vê não é menos emocionante que o momento que vivenciou.
Três pessoas, três almas interligadas, três espíritos que se abraçam na certeza de que agora podem continuar a vida seja em que plano for, pois o empenho em unir aquelas vidas será recompensado com a paz que agora começam a desfrutar, a paz dos justos que apesar de saberem ser devedores ainda, não sentem medo, pois sabem que cedo ou tarde o amor e a verdade prevalece.
São eles, os pais de André e Maura, que seguem no caminho que os conduzirão para uma nova reencarnação.
Valter, Valter!
- Que foi Tânia! Você me chamou?

- Sim meu amor, mas você não me ouviu, está distante, que foi, está viajando?
- Sim, uma linda viagem, mas vamos fazer uma prece de agradecimento por tanta alegria e por tantas bênçãos recebidas antes de almoçarmos.
- Vamos sim meu amor porque hoje muito mais que o alimento do corpo temos de agradecer, o alimento que nos foi proporcionado para que nosso espírito estivesse em paz e harmonia com todos, vamos orar sim, pois nossa alma também está muito bem alimentada e forte.
- Você faz ou quer que eu faça?
Pode deixar que eu faço querida, você só me ampare vibratóriamente para que eu saiba proferir as palavras certas a esse momento.
E neste clima de paz todos fecham os olhos e Valter inicia a prece.

"Misericordioso Pai que a tudo assiste e a todos procura consolar.
Queremos neste momento unidos em um só pensamento e desejo, agradecer pela bondade de nos permitir viver para amar, e mesmo quando caímos no desamor não nos deserdar e nem nos deixar à própria sorte.
Querido Mestre, irmão e amigo Jesus Cristo, obrigado por ter nos ensinado o verdadeiro caminho que nos conduz à felicidade eterna.
Sabemos que esta felicidade não será plena nesta vida por termos muito ainda a aprender, mas sabemos

também que um dia todos estaremos tão próximos a esta felicidade, que teremos a certeza que se a vida continua é por ser ela necessária ao nosso crescimento espiritual, e que só através da vida é que chegaremos a perfeição necessária para visualizarmos a tua imagem.
Obrigado Deus, obrigado Jesus.
Que assim seja hoje e sempre.
Amém!"
...

Início.
Pois o fim, não existe...

Atribuo este romance à intuição de um amigo espiritual.
...
Me senti intuída a finalizar com os três pontos e entendo como sendo a identificação do irmão invisível.

Obras da autora.

Romances / Drama

Seguindo em frente / Sempre haverá tempo
Por amor deixe-me ir /
Histórias que a vida conta / Coisas de Luzias
Além desta que agora lhes trago.
Por mais que doa / Viver é preciso

Ah! aguardem outras obras de reflexões, que em breve serão lançadas.
Até lá.

Made in the USA
Las Vegas, NV
25 January 2026

40228242R00083